365 Citas para Vivir Su Vida

Palabras Sabias, Poderosas, Inspiradoras y Transformadoras de Vida para Iluminar Sus Días

De I. C. Robledo

Traducido por M. C. Londoño

www.Amazon.com/author/icrobledo

365 Citas para Vivir Su Vida: Palabras Sabias, Poderosas, Inspiradoras y Transformadoras de Vida para Iluminar Sus Días

Declaración

Aunque al momento de la impresión, el autor y editor han hecho todo el esfuerzo posible para asegurarse de que la información en este libro sea correcta, el autor y editor no asumen ninguna responsabilidad y quedan exentos de cualquier responsabilidad por pérdida, daño, o problema ocasionado por errores u omisiones, ya sea que tales errores u omisiones sean el resultado de negligencia, accidente o cualquier otra causa.

Este libro no es intencionado como un sustituto para la recomendación médica de doctores. El lector debe consultar un doctor regularmente en cuanto a los asuntos relacionados con su salud, y particularmente, con respecto a cualquier síntoma que pueda requerir diagnóstico o atención médica.

Los puntos de vista expresados son únicamente del autor, y no deben ser considerados como instrucciones ni órdenes de un experto. El lector es responsable por sus propias acciones.

La adhesión a todas las leyes y regulaciones aplicables, incluyendo internacionales, federales, estatales y de gobierno de licencia profesional local, las prácticas comerciales, la publicidad y todos los demás aspectos de hacer negocios en los Estados unidos, Canadá , o cualquier otra jurisdicción, es responsabilidad exclusiva del comprador o lector.

Ni el autor ni la casa editorial asumen ninguna responsabilidad u obligación legal alguna en nombre del comprador o lector de este material.

Cualquier percepción de alguna ofensa a cualquier individuo u organización es completamente no intencionada.

Contenido

Introduciendo *365 Citas*
para Vivir Su Vida

"La sabiduría de los sabios y la experiencia de los siglos pueden perdurar gracias a las citas".

— Isaac D'Israeli

Propósito de este Libro

Este libro está diseñado para funcionar como complementario de *7 Pensamientos para Vivir Su Vida: Una Guía para Vivir Feliz, en Paz y con Propósito*. Usted puede leer *365 Citas para Vivir Su Vida* antes, después o al mismo tiempo. Al final de este libro se incluye un fragmento gratuito de *7 Pensamientos para Vivir Su Vida* para que aprenda más sobre este proyecto.

A continuación, le presento una breve descripción general de los 7 Pensamientos para que conozca los temas fundamentales que cubriremos en este libro:

1. Concentrarse en lo que puede controlar, *no* en lo que no puede controlar
2. Concentrarse en lo positivo, *no* en lo negativo
3. Concentrarse en lo que puede hacer, *no* en lo que no puede hacer
4. Concentrarse en lo que tiene, *no* en lo que no tiene
5. Concentrarse en el presente, *no* en el pasado y el futuro
6. Concentrarse en lo que necesita, *no* en lo que quiere
7. Concentrarse en lo que puede dar, *no* en lo que puede recibir

Tener estos Pensamientos diariamente ha cambiado mi vida para bien, y creo que también pueden ayudarlo a cambiar la suya. Son tan importantes que decidí que sería valioso crear un libro de citas que apoyaran estos Pensamientos.

Una gran cantidad de personas y líderes destacados han declarado palabras de sabiduría que apoyan a los *7 Pensamientos*, y esas palabras están recopiladas aquí para usted. Si no está interesado en los *7 Pensamientos para Vivir Su Vida*, eso no representa ningún problema – solamente lea las citas y disfrútelas por lo que son – palabras sabias, inspiradoras y alentadoras. Sin embargo, tenga en cuenta que lo que hace original a este libro de citas es que está basado en un sistema de pensamiento que puede utilizar para desarrollar una mejor vida para sí mismo.

Si nunca antes ha leído un libro de citas, me gustaría enfatizar que leer la cita correcta en el momento correcto de su vida puede dejarle una gran impresión. Lo importante consiste en encontrar las palabras correctas que necesita escuchar, exactamente en el momento adecuado, para encontrar el valor de realizar los cambios que sabe que lo pondrá en el camino correcto. Las palabras por sí solas no cambian el mundo – pero su percepción de que estas palabras son verdaderas, más verdaderas que cualquier cosa que haya visto, conocido o tocado jamás, las hace sobresalir de la página y darle la voluntad que necesita para hacer que esas palabras cobren vida.

Estas citas de sabiduría son tan poderosas que tengo el firme propósito de recordar el significado que contienen y también a las personas que las dijeron. Desde luego, estas son palabras que intento aplicar en mi vida todos los días. Comparto estas citas en conversaciones, y además las utilizo para animar e inspirar cuando siento que alguien necesita escucharlas. Ahora las compartiré con usted. Permita que estas palabras le guíen y ayuden a convertirse en la mejor persona que siempre supo que podría ser.

Cómo se Seleccionaron, Recopilaron y Organizaron las Citas

Como he mencionado, las citas en este documento se seleccionaron específicamente para respaldar a los *7 Pensamientos para Vivir Su Vida*. Cada cita apoyará a uno de esos Pensamientos de alguna manera. En algunos casos este libro puede parecer repetitivo, ya que contiene 365 citas que apoyan solamente 7 Pensamientos, pero creo que deberíamos dedicar más tiempo concentrándonos en los pensamientos e ideas más importantes, en lugar de distraernos en cada dirección posible. En última instancia, usted absorberá los Pensamientos clave mediante una multitud de citas, para comprenderlos realmente a un nivel más profundo que las palabras, y puedan guiarlo a tomar acciones positivas diariamente.

Recuerde que tenemos miles de pensamientos por día. Usted debe guiar su mente a tener más de los pensamientos que realmente valga la pena tener, en lugar de permitir que vaya en direcciones que son improductivas y contraproducentes.

Estas citas me resultaron conmovedoras y útiles, y pienso que todos podríamos beneficiarnos incorporándolas en nuestras vidas. Revisé personalmente miles de citas de autores, líderes, científicos, artistas y otras personas importantes con el fin de recopilar esta lista especial. Un criterio primordial para mí fue que la cita debería enfocarse en algo positivo que podemos hacer, más que simplemente en señalar los aspectos negativos de nuestra naturaleza humana. Este libro está destinado a elevarnos e iluminar nuestros días, no a arrastrarnos hasta el fondo y ensombrecerlos.

Mi objetivo fue seleccionar citas de una amplia gama de periodos de tiempo, culturas, regiones, rango de edades, y tanto de hombres como de mujeres; pero no todos los grupos están bien representados en los registros históricos, por lo tanto, no podemos esperar una representación perfecta de los diferentes grupos en esta selección de citas. Gracias por su comprensión.

Tenga en cuenta que se han tomado todas las precauciones necesarias para mantener la exactitud de las citas y para darle crédito a la fuente original. En muchos casos en que se usaron palabras tales como "hombre", "hombres" o "humanidad", se puede suponer que se aplican tanto a hombres como a mujeres o a la humanidad en general. Asimismo, creo que las citas que hacen referencia a las mujeres pueden aplicarse a los hombres también. No he alterado ninguna de las citas en ningún modo y en un par de casos pueden contener lenguaje informal o gramática no convencional.

Presento una cita por página para ayudarle a concentrarse en una cita a la vez y animarle a pensar en el significado real de la cita, reflexionar sobre ella y quizás formular un plan de acción para aplicarlas en su vida. Creo firmemente en concentrarme en una cosa a la vez para lograr los mejores resultados posibles. Sin embargo, si lo prefiere, puede leer tantas citas como desee en una sesión. En última instancia, creo que una repetición de las citas tendrá el mayor impacto positivo en su vida. Puede leer una frase una vez y es posible que no ejerza ningún impacto sobre usted. Pero leerla una y otra vez puede causarle una impresión más profunda y ayudarle a aplicarla y actualizarla en su vida.

Por último, me gustaría que tenga en cuenta que dado que mi objetivo es que este libro sea beneficioso para todos los grupos, ninguna cita con maldiciones o lenguaje ofensivo ha sido seleccionada para este libro. Este ejemplar ha sido diseñado para ayudarnos a todos a alcanzar nuestras metas de vida, y a cumplir nuestros sueños de manera que también nos ayude a elevar la concientización y el espíritu de toda la humanidad.

Concentrarse en lo Que Puede Controlar, *No* en lo Que No Puede Controlar

"Usted tiene poder sobre su mente – no sobre eventos externos. Reconozca esto y encontrará fortaleza". — Marco Aurelio, *Meditaciones*

"Estamos formados por nuestros pensamientos; nos convertimos en lo que pensamos. Cuando la mente es pura la acompaña una alegría que nunca la abandona". — Gautama Buda

"Preste cuidadosa atención a sus pensamientos, porque se convertirán en sus palabras. Controle y cuide sus palabras, porque se convertirán en sus acciones. Tome en cuenta y juzgue sus acciones, porque se han convertido en sus hábitos. Reconozca y cuide sus hábitos, porque se convertirán en sus valores. Comprenda y acepte sus valores, porque se convierten en su destino". — Mahatma Gandhi

"Independientemente de cuáles sean sus opciones, realmente no tiene control sobre lo que los demás piensan de usted". — Neve Campbell

"Solamente hay un camino hacia la felicidad y es dejar de preocuparse por las cosas que están fuera del poder de nuestra voluntad".
— Epicteto, *The Philosophy of Epictetus*

"Lo único sobre lo que a veces tiene control es la perspectiva. No tiene control sobre su situación. Pero tiene una opción sobre la manera en que ve la situación". — Chris Pine

"Algunas de nuestras luchas implican tomar decisiones, mientras que otras son el resultado de las decisiones que hemos tomado. Algunas de nuestras luchas son el resultado de las elecciones que otros hacen que afectan nuestras vidas. No siempre podemos controlar todo lo que nos sucede en esta vida, pero podemos controlar cómo respondemos. Muchas luchas llegan como problemas y presiones que a veces causan dolor. Otras llegan como tentaciones, pruebas y tribulaciones".
— L. Lionel Kendrick

"Al final del día, usted tiene el control de su propia felicidad. La vida va a suceder ya sea que usted piense demasiado, se estrese demasiado o no lo haga. Solo experimente la vida y sea feliz a lo largo del camino. No puede controlarlo todo en su vida, pero puede controlar su felicidad".
— Holly Holm

"Puedo controlar mi destino pero no mi suerte. El destino significa que hay oportunidades de voltear a la derecha o a la izquierda, pero la suerte es una calle de un solo sentido. Creo que todos tenemos la opción de cumplir nuestro destino, pero nuestra suerte está sellada".
— Paulo Coelho

"Hay muchas cosas que suceden en todo el mundo que no podemos controlar. No podemos detener los terremotos, no podemos prevenir las sequías, y no podemos evitar todos los conflictos, pero cuando sabemos dónde están los hambrientos, los que carecen de hogar y los enfermos, entonces podemos ayudar". — Jan Schakowsky

"Las cosas que me suceden pueden cambiarme. Pero me niego a ser reducida debido a eso". — Maya Angelou, *Letter to My Daughter*

"Si ha dado lo mejor de sí. ¿Por qué preocuparse? Preocuparse no mejorará las cosas. Si quiere tener éxito, respete una regla: Nunca deje que el fracaso tome control sobre usted". — Leonardo DiCaprio

"La inspiración es una cosa y no puede controlarla, pero el trabajo duro es lo que mantiene al barco en movimiento. Buena suerte significa, trabaje duro. Continúe haciendo un buen trabajo". — Kevin Eubanks

"Después de haber estado en prisión, son las pequeñas cosas las que uno aprecia: poder dar una caminata cada vez que quiere, entrar a una tienda y comprar un periódico, hablar o decidir quedarse callado. El simple hecho de poder controlar nuestra propia persona".
— Nelson Mandela

"Controle lo que puede controlar. No pierda el sueño preocupándose por cosas sobre las que no tiene control porque, al final del día, todavía no tendrá ningún control sobre ellas". — Cam Newton

"Sin importar cómo se siente por dentro, trate siempre de parecer un triunfador. Aunque se haya quedado atrás, mantener una apariencia de control y confianza puede darle una ventaja mental que resulte en una victoria". — Arthur Ashe

"No soy la persona perfecta. No soy la persona más feliz. Me enojo, y algunas veces me pongo furiosa, pero hago todo lo que está de mi parte para controlar mis pensamientos. Porque eso fluye por todo su cuerpo". — Karrueche Tran

"Tan solo puedo controlarme a mí misma, mis acciones, mi ética de trabajo y mi actitud". — Ali Krieger

"El nivel más alto posible en la cultura moral es cuando reconocemos que debemos controlar nuestros pensamientos".
— Charles Darwin, *El Origen del Hombre*

"Las emociones negativas desafiarán su determinación en cada paso del camino. Si bien es imposible no sentir sus emociones, manejarlas efectivamente y mantenerse en una posición de control está completamente dentro de su poder. Cuando deja que sus emociones superen su capacidad de pensar con claridad, es fácil perder su resolución". — Travis Bradberry

"No me enojo por las cosas que puedo controlar, porque si puedo controlarlas entonces no tiene sentido enojarse. Y no me enojo por las cosas que no puedo controlar, porque si no puedo controlarlas, entonces no tiene sentido enojarse". — Mickey Rivers

"Es fácil caer en el papel de víctima y sentir que el mundo está en su contra. La verdad es que la gente no está en contra suya: los demás están solo para sí mismos. Lo único que está dentro de su control es cómo reacciona y responde a la danza caótica de la vida". — Kerli

"Para disfrutar de la libertad tenemos que controlarnos a nosotros mismos". — Virginia Woolf

"En conclusión, dejé la mentalidad de víctima y tomé el control de mi vida. No solo voy a tomar responsabilidad por el éxito en mi vida – voy a tomar responsabilidad por los fracasos en mi vida. Cuando está dispuesto a aceptar que usted es el problema, inmediatamente se convierte en la solución". — Eric D. Thomas

"Una de las lecciones difíciles de aprender en la vida es que hay algunas cosas que usted puede controlar y otras cosas que no puede. Si quiere una receta rápida para sentirse frustrado y desdichado, aquí está: concéntrese en las cosas que no puede controlar". — John Bytheway

"Una de las cosas que aprendí es que si no toma el control de su tiempo y su vida, otras personas consumirán su tiempo y su vida. Si usted no es una prioridad para sí misma, constantemente comenzará a caer más y más bajo en su lista de prioridades, sus hijos caerán más y más bajo en su lista". — Michelle Obama

"Los mejores años de su vida son aquellos en los que decide que sus problemas son suyos. No culpa a su madre, a la ecología o al presidente por ellos. Se da cuenta de que usted controla su propio destino".
— Albert Ellis

"El secreto del éxito es aprender cómo usar el dolor y el placer, en lugar de dejar que el dolor y el placer lo usen. Si hace eso, está en control de su vida. Si no lo hace, la vida lo controla a usted".
— Tony Robbins

"El talento sin esfuerzo es talento desperdiciado. Y mientras que el esfuerzo es lo único que puede controlar en su vida, aplicar ese esfuerzo inteligentemente es próximo en la lista". — Mark Cuban

"Si profundiza en cualquier historia de éxito descubre que la suerte siempre formó gran parte de ella. No puede controlar la suerte, pero puede cambiarse de un juego con malas probabilidades a uno con mejores probabilidades. Usted puede hacer que la suerte lo encuentre con mayor facilidad. Lo más útil que puede hacer es permanecer en el juego". — Scott Adams

---

"La señal de una persona inteligente es su capacidad para controlar sus emociones mediante la aplicación de la razón".
— Marya Mannes, *More in Anger*

"Hay una independencia y una dignidad esencial que se logra cuando controla su propio tiempo". — Travis Kalanick

---

"Las mujeres necesitan ser empoderadas parar desarrollar sus propios medios de sustento, y convertirse en Directoras Ejecutivas de sus propias vidas. Se les debe permitir tomar el control de decisiones importantes de la vida que son frecuentemente decididas por otros".
— Philomena Kwao

"Tener dominio de los demás es fuerza. Tener dominio de sí mismo es verdadero poder". — Lao Tzu, *Tao Te Ching*

"A un hombre le pueden quitar todo, excepto una cosa: la última de las libertades del ser humano – elegir la propia actitud en cualquier conjunto de circunstancias, para elegir su propio camino".
— Viktor E. Frankl, *El Hombre en Busca de Sentido*

"Puede haber solo una revolución permanente – una revolución moral; la regeneración del interior del hombre. ¿Cómo va a tener lugar esta revolución? Nadie sabe cómo ocurrirá en la humanidad, pero cada hombre lo siente claramente. Y sin embargo, en nuestro mundo todos piensan en cambiar a la humanidad y nadie piensa en cambiarse a sí mismo". — Leo Tolstoy, *Pamphlets*

"Para gozar de buena salud, brindar verdadera felicidad a nuestra familia, traer paz a todos, primero hay que disciplinar y controlar nuestra propia mente. Si un hombre puede controlar su mente puede encontrar el camino hacia la Iluminación, y toda la sabiduría y la virtud vendrán a él naturalmente". — Gautama Buda

"El descubrimiento más grande de mi generación es que las personas pueden cambiar sus vidas simplemente cambiando su actitud mental".
— William James

"Cada uno de nosotros crea su propio clima, determina el color de los cielos en el universo emocional en el que habitamos".
— Fulton J. Sheen

"Todo lo que hace, cada pensamiento que tiene, cada palabra que pronuncia crea una memoria que mantendrá en su cuerpo. Está impresa en su ser y le afecta de maneras sutiles – maneras de las que no siempre es consciente. Con eso en mente, sea muy consciente y selectivo". — Phylicia Rashad

"La repetición del mismo pensamiento o acción física se desarrolla en un hábito que, repetido con suficiente frecuencia, se convierte en un reflejo automático". — Norman Vincent Peale, *Entusiasmo*

"Creo que la capacidad de pensar es una bendición. Si puede pensar sobre una situación, puede lidiar con ella. El gran desafío es mantener su mente lo suficientemente clara para pensar". — Richard Pryor

"Entiendo cada vez más cuán verdaderas fueron las palabras de Papá cuando dijo: 'Todos los hijos deben prestar atención a su propia educación'. Los padres solo pueden dar buenos consejos o guiarlos por el camino correcto, pero la formación final del carácter de una persona está en sus propias manos". — Ana Frank, *El diario de Ana Frank*

"Todo comienza y termina en su mente. A lo que le otorga poder tiene poder sobre usted". — Leon Brown

"La actitud es una elección. La felicidad es una elección. El optimismo es una elección. La amabilidad es una elección. Dar es una elección. El respeto es una elección. Cualquier elección que hace lo hace a usted. Elija sabiamente". — Roy T. Bennett, *The Light in the Heart*

"Cuando el mundo entero está en silencio, incluso una sola voz se vuelve poderosa". — Malala Yousafzai

"Usted es el amo de su destino. Puede influir, dirigir y controlar su propio entorno. Puede hacer de su vida lo que quiera que sea".
— Napoleon Hill

"El éxito es acelerado o retrasado por los hábitos de uno mismo. No son sus inspiraciones pasajeras ni sus ideas brillantes, tanto como sus hábitos mentales cotidianos, los que controlan su vida".
— Paramahansa Yogananda, *La Ley del Éxito*

"Busque siempre la respuesta en su interior. No se deje influenciar por quienes le rodean, por sus pensamientos ni sus palabras".
— Eileen Caddy, *Dios Me Habló*

"Si está siempre apurado, todo el tiempo tratando de ganarle al otro, o si el desempeño de alguien más es lo que le motiva, entonces esa persona tiene el control sobre usted". — Wayne Dyer

"Nunca permita que nadie arruine su fiesta, y por lo tanto, empañe y estropee todo el día. Recuerde que no se requiere talento ni abnegación ni cerebro ni carácter para establecerse en el negocio de la búsqueda de fallas. Nada externo puede tener ningún poder sobre usted a menos que usted mismo lo permita. Su tiempo es demasiado valioso para ser sacrificado en días perdidos combatiendo las indeseables fuerzas del odio, los celos y la envidia. Proteja su frágil vida con cuidado. Solo Dios puede dar forma a una flor, pero cualquier niño tonto puede hacerla pedazos". — Og Mandino, *Una Mejor Manera de Vivir*

Antes de Continuar . . .

Como agradecimiento por su lectura, quiero que tenga esta guía gratuita.

Fortalezca su Aprendizaje: Herramientas Gratuitas para Aprender Casi Cualquier Cosa

Si bien las herramientas de aprendizaje pueden parecer un tema completamente diferente al que cubre este libro, creo firmemente que *siempre* deberíamos estar aprendiendo algo para poder alcanzar todo nuestro potencial como seres humanos. Recuerde que siempre puede aprender sobre cualquier tema que sea importante para usted. Recomiendo que se concentre en áreas que le interesen o que puedan ayudarle a estar un paso más cerca de su trabajo ideal o de su sueño de vida.

Esta guía proviene de mi propia experiencia con el uso de una variedad de recursos y sitios de aprendizaje. En ella usted descubrirá los mejores lugares para aprender sin costo alguno. Además, explicaré cuáles recursos son mejores para usted en función de sus objetivos de aprendizaje.

Puede descargar esta guía gratuita en formato PDF escribiendo este sitio web en su navegador: http://mentalmax.net/ES

Ahora, regresemos al tema.

Concentrarse en lo Positivo, *No* en lo Negativo

"La vida es una oportunidad, aprovéchela. La vida es belleza, admírela. La vida es un sueño, realícelo. La vida es un desafío, enfréntelo. La vida es un deber, cúmplalo. La vida es un juego, juegue. La vida es una promesa, cúmplala. La vida es tristeza, supérela. La vida es un Himno, cántelo. La vida es una lucha, acéptela. La vida es una tragedia, afróntela. La vida es una aventura, atrévase. La vida es suerte, hágala. ¡La vida es la vida, defiéndala!". — Madre Teresa

"Es durante nuestros momentos más sombríos que debemos concentrarnos para ver la luz". — Aristóteles Onassis

"¡No olvide decirse cosas positivas diariamente! Debe amarse internamente para brillar externamente". — Hannah Bronfman

"Déjanos leer y déjanos bailar; estas dos diversiones jamás le harán ningún daño al mundo". — Voltaire, *The Works of Voltaire*

"Rodéese únicamente de personas que le van a hacer sentir mejor". — Oprah Winfrey

"Si se diera cuenta de lo poderoso que son sus pensamientos, nunca tendría un pensamiento negativo". — Peace Pilgrim, *Peace Pilgrim*

"La aventura comienza con usted, personalmente. Está en la forma en que ve las cosas. Es la postura mental que adopta al enfrentar su día. Es encontrar magia en las cosas. Es hablar con la gente y descubrir su bondad interior. Es la emoción de sentirse parte de la vida a su alrededor. La actitud de aventura le abrirá puertas. El mundo cobrará vida con nuevo entusiasmo y significado. Usted se volverá más consciente de la belleza que está en todas partes. Nada parecerá sin importancia. Todo será revelado teniendo patrón y propósito".
— Wilferd Peterson

"La felicidad de su vida depende de la calidad de sus pensamientos: por lo tanto, vigile y asegúrese de no tener ideas inapropiadas para la virtud y la naturaleza razonable".
— Marco Aurelio, *The Emperor Marcus Antoninus*

"El mal no puede expulsar al mal; solo la luz puede hacerlo. El odio no puede expulsar al odio; solo el amor puede hacerlo".
— Martin Luther King, Jr. — *A Gift of Love*

"Lo que no quiere que le hagan a usted, no se lo haga a los demás".
— Confucio, *The Analects*

"Un pesimista es aquel que convierte sus oportunidades en dificultades; un optimista es aquel que convierte sus dificultades en oportunidades".
— Harry S. Truman

"Casi todo nuestro sufrimiento es producto de nuestros pensamientos. Pasamos casi todos los momentos de nuestra vida perdidos en pensamientos, y prisioneros de los caracteres de esos pensamientos. Usted puede romper este hechizo, pero se requiere entrenamiento, igual que se requiere entrenamiento para defenderse de un asalto físico". — Sam Harris

---

"Manténgase positivo y feliz. Trabaje duro y no pierda la esperanza. Esté abierto a las críticas y continúe aprendiendo. Rodéese de personas felices, afectuosas y genuinas". — Tina Desai

---

"Una vez que reemplace los pensamientos negativos con pensamientos positivos comenzará a tener resultados positivos".
— Willie Nelson, *The Tao of Willie*

"Trabaje duro por lo que quiere porque no le llegará sin esfuerzo. Tiene que ser fuerte y valiente y saber que puede hacer cualquier cosa que se proponga. Si alguien le humilla o le critica siga creyendo en sí mismo y convierta esa crítica en algo positivo". — Leah LaBelle

---

"Encuentre un lugar en su interior donde haya alegría, y la alegría consumirá el dolor". — Joseph Campbell

---

"Creo que la vida es difícil. La gente tiene desafíos. Los miembros de la familia se enferman, las personas envejecen, usted no consigue siempre el trabajo o la promoción que desea. Tiene conflictos en su vida. Y, en realidad, la vida es acerca de su resistencia y capacidad para vivir su vida y todos los altibajos con una actitud positiva". — Jennifer Hyman

"Recuerde SIEMPRE, todos tenemos nuestras propias opiniones y creencias. Tenemos diferentes maneras de lidiar con los problemas y las alegrías de la vida. Sobrevivir a nuestras diferencias sin lastimarnos unos a otros es lo que la BONDAD significa". — Dodinsky

"¿Ofrecí paz el día de hoy? ¿Provoqué una sonrisa en el rostro de alguna persona? ¿Pronuncié palabras de sanación? ¿Solté mi enojo y mi resentimiento? ¿Perdoné? ¿Amé? Estas son las preguntas importantes. Debo confiar en que el poquito amor que siembro ahora dará muchos frutos, aquí en este mundo y en la otra vida". — Henri Nouwen

"Si tiene una actitud positiva, y lucha constantemente por hacer su mejor esfuerzo, eventualmente superará sus problemas inmediatos y se dará cuenta de que está listo para desafíos más grandes". — Pat Riley

"Me di cuenta de que si mis pensamientos afectan mi cuerpo de inmediato, debo tener cuidado con lo que pienso. Ahora, si me enojo, me pregunto por qué me siento de esa manera. Si puedo encontrar la fuente de mi ira puedo convertir esa energía negativa en algo positivo". — Yoko Ono

"Los pensamientos positivos le permitirán hacer todo mejor que los pensamientos negativos". — Zig Ziglar

"Hay 1,440 minutos en cada día. Eso significa que tenemos 1,440 oportunidades diarias para hacer un impacto positivo". — Les Brown

"No le tenga miedo a la vida. Crea que vale la pena vivir la vida y su creencia ayudará a crear esa realidad".
— William James, *The Will to Believe and Other Essays in Popular Philosophy*

"Deje de decir estas cosas negativas sobre sí mismo. ¡Mire en el espejo y encuentre algo positivo sobre sí mismo y celébrelo!". — Tyra Banks

"Si alguien le dice algo hiriente o le hace sentir mal, entonces tiene que mantenerse positivo y seguir adelante, porque es posible que no sepan mucho sobre usted o que no entiendan la situación". — Jazz Jennings

"Solo se necesita un pensamiento positivo, cuando se le da la oportunidad de sobrevivir y prosperar, para dominar a todo un ejército de pensamientos negativos". — Robert H. Schuller

"Realmente, creo que la intención de crear un cambio positivo es muy importante para la conciencia colectiva. Cuando tiene un grupo de personas que tienen la intención y la capacidad, el talento y la inteligencia para materializar esas intenciones, entonces tiene algo realmente poderoso". — Jimmy Chin

"Los ganadores tienen el hábito de fabricar sus propias expectativas positivas antes del evento". — Brian Tracy

"Ser positivo es como ir subiendo una montaña. Ser negativo es como ir deslizándose cuesta abajo por una montaña. Muchas veces la gente quiere tomar el camino fácil, porque es básicamente lo que han aprendido toda su vida". — Chuck D

"Aléjese de las personas que intentan menospreciar sus ambiciones. La gente insignificante siempre hace eso, pero la gente realmente grande le hace sentir que usted también puede llegar a ser grande".
— Mark Twain, *Mark Twain at Your Fingertips*

"Para ser saludable, rico, feliz y exitoso en cada una y en todas las áreas de su vida necesita ser consciente de que debe tener pensamientos saludables, de riqueza, felicidad y éxito las veinticuatro horas del día; y que tiene que cancelar todos los pensamientos negativos, destructivos, de temor e infelicidad. Estos dos tipos de pensamiento no pueden coexistir si quiere compartir la abundancia que nos rodea a todos".
— Sydney Madwed

"La primera pregunta que tiene que responder cualquier individuo o grupo social que se enfrente a una situación peligrosa, es si hay que enfrentar la crisis como un desafío a la fortaleza o como una ocasión para la desesperanza".
— Harry Emerson Fosdick, *The Challenge of the Present Crisis*

"La felicidad se da cuando lo que usted piensa, lo que dice y lo que hace están en armonía". — Mahatma Gandhi

"Creo que cada evento que ocurre en la vida es una oportunidad de elegir el amor sobre el miedo". — Oprah Winfrey

"A veces pensamos que la pobreza solo es tener hambre, estar desnudo y sin hogar. La pobreza más grande es la pobreza de ser indeseado, no amado y sin alguien a quien le importe. Debemos empezar en nuestros propios hogares a remediar esta clase de pobreza". — Madre Teresa

"El comienzo del amor consiste en permitirle a quienes amamos ser absolutamente ellos mismos, y no presionarlos para que se ajusten a nuestra propia imagen. De lo contrario, solo amamos el reflejo de nosotros mismos que vemos en ellos".
— Thomas Merton, *Los Hombres no son Islas*

"A partir de hoy trate a todos los que conoce como si fueran a estar muertos a la media noche. Extiéndales todo el cariño, la amabilidad y la comprensión que pueda reunir, y hágalo sin pensar en ninguna recompensa. Su vida no volverá a ser la misma de nuevo".
— Og Mandino

"La grandeza de un hombre no está en cuánta riqueza acumula, sino en su integridad y en su capacidad de influir positivamente a aquellos que le rodean". — Bob Marley

"Por favor, crea que un solo sueño positivo es más importante que mil realidades negativas". — Adeline Yen Mah, *Chinese Cinderella*

"Cuando el dolor le deprima no se porte como un tonto, no cierre los ojos y llore, es posible que esté justamente en la mejor posición para ver brillar el sol". — Alanis Morissette

"No podemos adormecer las emociones selectivamente, cuando adormecemos las emociones dolorosas también adormecemos las emociones positivas". — Brené Brown, *Los Dones de la Imperfección*

"¡Hay una pintura magnífica, hermosa y maravillosa frente a usted! ¡Es elaborada, detallada, un trabajo minucioso de devoción y amor! ¡Los colores son como ningún otro, nadan y saltan, fluyen y embellecen! Y, sin embargo, ¡elige fijar sus ojos en la pequeña mosca que ha aterrizado en ella! ¿Por qué hace algo así?". — C. JoyBell C.

"Por supuesto que debe haber mucha Magia en el mundo", dijo sabiamente un día, "pero la gente no sabe cómo es o cómo hacerla. Tal vez el inicio sea simplemente decir cosas buenas que van a ocurrir hasta que hace que ocurran. Voy a tratar y experimentar".
— Frances Hodgson Burnett, *El Jardín Secreto*

"La vida está llena de belleza. Obsérvela. Observe el abejorro, el niño pequeño y las caras sonrientes. Huela la lluvia y sienta el viento. Viva su vida al máximo potencial, y luche por sus sueños". — Ashley Smith

"No se desanime por un fracaso. Puede ser una experiencia positiva. El fracaso es, en cierto sentido, la autopista para el éxito, en la medida en que cada descubrimiento de lo que es falso conduce a buscar con seriedad la verdad, y cada nueva experiencia señala algún tipo de error que deberá evitar cuidadosamente". — John Keats

"Soy un optimista… elijo serlo. Hay mucha maldad en nuestro mundo, hay mucho dolor, y puede elegir ver eso o puede elegir ver la alegría. Si intenta responder positivamente al mundo utilizará mejor su tiempo".
— Tom Hiddleston

"La búsqueda de la felicidad es una cuestión de elección… es una actitud positiva que elegimos expresar. No es un regalo que llega a nuestra puerta cada mañana ni tampoco es algo que entra por la ventana. Y es cierto que nuestras circunstancias no son las cosas que nos dan alegría. Si esperamos a que las circunstancias sean correctas nunca volveremos a reírnos".
— Charles R. Swindoll, *Laugh Again Hope Again*

"Recuerde, usted se ha estado criticando a sí mismo durante años y eso no ha funcionado. Intente aprobarse y ver qué pasa".
— Louise L. Hay, *Tú Puedes Sanar Tu Vida*

"Espero que tenga un año maravilloso, que sueñe de manera arriesgada y extravagante, que haga algo que no existía antes de que lo hiciera, que sea amado y querido, y que tenga personas a quien amar y querer a cambio. Y, lo más importante (porque creo que debería haber más bondad y más sabiduría en el mundo en este momento), que sea sabio cuando necesite serlo, y que siempre sea amable".
— Neil Gaiman

"Si puede cultivar la actitud correcta, sus enemigos son sus mejores maestros espirituales porque su presencia le brinda la oportunidad de mejorar y desarrollar tolerancia, paciencia y comprensión".
— Dalai Lama XIV, *El Corazón Bondadoso*

"Entonces, qué pasa si en vez de pensar en solucionar toda su vida solo piensa en agregar cosas buenas adicionales. Una a la vez. Solo deje que su bulto de cosas buenas crezca". — Rainbow Rowell, *Enlazados*

Concentrarse en lo Que Puede Hacer, *No* en lo Que No Puede Hacer

---

"Si no puede volar entonces corra, si no puede correr entonces camine, si no puede caminar entonces gatee, pero haga lo que haga tiene que seguir adelante". — Martin Luther King, Jr.

"Solos podemos hacer muy poco; juntos podemos hacer mucho".
— Helen Keller

"Hacer o no hacer. Intentar no existe". — Yoda (George Lucas),
La Guerra de las Galaxias: Episodio V – El Imperio Contraataca

---

"Haga siempre lo mejor que pueda. Lo mejor de sí va a cambiar de momento a momento; será diferente cuando esté sano opuesto a cuando esté enfermo. Bajo cualquier circunstancia, simplemente haga lo mejor que pueda, y evitará la autocrítica, el abuso propio y el arrepentimiento". — Don Miguel Ruiz, *Los Cuatro Acuerdos*

"Si no le gusta algo, cámbielo. Si no puede cambiarlo, cambie su actitud". — Maya Angelou

"Lo más difícil es la decisión de actuar, el resto es pura tenacidad. Los miedos son tigres de papel. Usted puede hacer cualquier cosa que decida hacer. Puede tomar medidas para cambiar y controlar su vida; y el procedimiento, el proceso es su propia recompensa".
— Amelia Earhart

"No necesitamos magia para transformar el mundo, ya llevamos dentro todo el poder que necesitamos: tenemos el poder de imaginar algo mejor". — J. K. Rowling, *Vivir Bien la Vida*

"Somos lo que hacemos repetidamente. La excelencia, por lo tanto, no es una acción sino un hábito". — Will Durant, *Historia de la Filosofía*

"Cuando algo tiene suficiente importancia, lo hace aunque las probabilidades no estén a su favor". — Elon Musk

"No es la ausencia de miedo, es superarlo. A veces tiene que enfrentarlo y tener fe". — Emma Watson

"Usted elige la vida que vive. Si no le gusta, depende de usted cambiarla porque nadie más lo va a hacer por usted". — Kim Kiyosaki

"Siempre sobreestimamos los cambios que ocurrirán en los próximos dos años, y subestimamos los cambios que ocurrirán en los próximos diez. No se deje llevar por la inacción".
— Bill Gates, *Business @ the Speed of Thought*

"El viaje de mil millas empieza con un paso". — Lao Tzu, *Tao Te Ching*

"Nunca se rinda. Hoy es difícil, mañana será peor, pero pasado mañana saldrá el sol". — Jack Ma

"Cada ser humano tiene cuatro talentos naturales – autoconocimiento, conciencia, voluntad independiente e imaginación creativa. Estos atributos nos dan la máxima libertad humana… El poder de elegir, de responder, de cambiar". — Stephen Covey

"Lo que importa no es lo que le sucede, sino cómo reacciona ante eso".
— Epicteto

"Cuando ya no podemos cambiar una situación – tenemos el desafío de cambiar nosotros mismos".
— Viktor E. Frankl, *El Hombre en Busca de Sentido*

"En los sueños, cualquier cosa puede pasar, y todos pueden hacerlo. Podemos volar, podemos ponernos de cabeza, podemos transformarnos en cualquier cosa". — Twyla Tharp

"En esta vida debería leer todo lo que pueda leer. Saborear todo lo que pueda saborear. Conocer a todos los que pueda conocer. Viajar a todos los lugares que pueda viajar. Aprender todo lo que pueda aprender. Experimentar todo lo que pueda experimentar". — Mario Cuomo

"Le insto a intentar y a crear el mundo en el que quiere vivir. Atienda al mundo de manera que pueda cambiarlo. Ocúpese radicalmente de una manera real, activa y práctica, participe activamente".
— Chimimanda Ngozi Adiche

"Haga todo el bien que pueda, por todos los medios que pueda, de todas las maneras que pueda, en todos los lugares que pueda, en todos los momentos que pueda, a toda la gente que pueda, siempre que pueda". — John Wesley, *Letters*

"Cuando es obvio que no se pueden cumplir los objetivos, no ajuste los objetivos, ajuste los pasos a seguir". — Confucio

"Recuerde, puede hacer cualquier cosa que se proponga, pero eso requiere acción, perseverancia y enfrentar sus miedos".
— Gillian Anderson

"La manera de cambiar el mundo es mediante la responsabilidad individual y tomando medidas locales en su propia comunidad".
— Jeff Bridges

"Quejarse implica siempre la no aceptación de lo que es. Eso invariablemente conlleva una carga negativa inconsciente. Cuando se queja se convierte usted mismo en víctima. Cuando habla se empodera. Así que cambie la situación tomando medidas o hablando si es necesario o posible; deje la situación o acéptela. Todo lo demás es una locura". — Eckhart Tolle, *El Poder del Ahora*

"No pregunte qué puede hacer su país por usted, pregunte qué puede hacer usted por su país". — John F. Kennedy

"La pregunta realmente es, ¿está mejorando el mundo? Y puede hacerlo en muchos modelos. Puede hacerlo en el gobierno, puede hacerlo en una organización sin fines de lucro, y puede hacerlo en una empresa comercial". — Jeff Bezos

"Si puede hacer algo grandioso en 60 segundos, puede hacer cualquier cosa, de verdad". — Joanne Froggatt

"Haga esa cosa que cree que no puede hacer. Fracase. Intente de nuevo. Hágalo mejor la segunda vez. Las únicas personas que nunca se tambalean son aquellas que nunca aspiran a lo más alto. Este es su momento. Aprópiese de él". — Oprah Winfrey

"Llene su vida de acción. No espere a que suceda. Haga que suceda. Haga su propio futuro. Haga su propia esperanza. Haga su propio amor. Y cualesquiera que sean sus creencias, honre a su creador, no esperando pasivamente que la bendición caiga del cielo, sino haciendo lo que puede hacer para que la bendición suceda…usted mismo, ahora mismo, aquí mismo en la Tierra". — Bradley Whitford

"En veinte años estará más decepcionado por las cosas que no hizo que por las cosas que hizo. Así que suelte las amarras. Navegue lejos del puerto seguro. Atrape los vientos alisios en sus velas. Explore. Sueñe. Descubra". — H. Jackson Brown, Jr., *P.D. Te Amo*

"Señor, dame serenidad para aceptar las cosas que no puedo cambiar, valor para cambiar las cosas que puedo cambiar, y sabiduría para reconocer la diferencia". — Reinhold Niebuhr

"Nada en este mundo puede reemplazar a la persistencia. El talento no lo hará; nada es más común que personas con talento pero sin éxito. El genio no lo hará; genio sin recompensa es casi un proverbio. La educación no lo hará; el mundo está lleno de indigentes educados. La persistencia y la determinación son omnipotentes". — Calvin Coolidge

"Las personas que han logrado cosas que vale la pena tener en este mundo han trabajado mientras otros estaban ociosos, han perseverado cuando otros se rindieron en desesperación, han practicado temprano en la vida los valiosos hábitos de la abnegación, la industria y la originalidad de propósito. Como resultado, más tarde en la vida disfrutan del éxito que a menudo se atribuye erróneamente a la buena suerte". — Grenville Kleiser

"Mientras esté persiguiendo su sueño activamente con un plan práctico, ya está lográndolo, aunque sienta que no está avanzando rápidamente. Según mi experiencia, en el exacto momento en que siento ganas de rendirme estoy tan solo a un paso de hacer un descubrimiento. Aguante lo suficiente y las circunstancias también cambiarán. Confíe en sí mismo, su sueño y su espíritu".
— Sarah Ban Breathnach

"Las condiciones nunca son precisamente correctas. Las personas que retrasan la acción hasta que todos los factores sean favorables no hacen nada". — William Feather

"Somos responsables de lo que somos y de lo que deseamos ser, tenemos el poder de convertirnos en lo que queremos ser. Si lo que somos ahora ha sido el resultado de nuestras acciones pasadas, de ello ciertamente se deduce que lo que deseamos ser en el futuro puede ser producido por nuestras acciones presentes; así que tenemos que saber cómo actuar". — Swami Vivekananda, *Karma Yoga*

"Es en todo el proceso de encontrar y resolver problemas que la vida tiene sentido. Los problemas son la vanguardia que distingue entre el éxito y el fracaso. Los problemas exigen nuestro valor y nuestra sabiduría; de hecho, crean nuestro valor y nuestra sabiduría. Es justamente por los problemas que crecemos mental y espiritualmente. Es a través del dolor de confrontar y resolver problemas que aprendemos". — M. Scott Peck

"A menos que trate de hacer algo más allá de lo que ya domina, nunca crecerá". — Ronald E. Osborn

"La medida definitiva de un hombre no la da su actitud en los momentos de comodidad y bienestar, sino su actitud en los momentos de desafío y adversidad". — Martin Luther King, Jr., *Strength to Love*

"Si tiene un sueño, no deje que nadie se lo quite, y crea que lo imposible siempre es posible". — Selena Quintanilla

"Cuando esté trabajando para otros, hágalo con el mismo entusiasmo como si fuera para sí mismo". — Confucio

"En medio del caos también hay oportunidad".
— Sun Tzu, *El Arte de la Guerra*

"Sepa cómo escuchar y se beneficiará incluso de aquellos que hablan mal". — Plutarco

"Una de las verdades fundamentales de la vida dice, 'Pide y recibirás'. Cuando somos niños nos acostumbramos a pedir cosas, pero de alguna manera perdemos esta capacidad en la edad adulta. Se nos ocurre todo tipo de excusas y razones para evitar cualquier posibilidad de crítica o rechazo." — Jack Canfield

"La mayoría de las cosas importantes en el mundo han sido alcanzadas por personas que han seguido intentándolo cuando parecía no haber ninguna esperanza".
— Dale Carnegie, *Cómo Disfrutar de la Vida y el Trabajo*

"El cambio no ocurrirá si esperamos por alguna otra persona o si esperamos por algún momento. Nosotros somos las personas que hemos estado esperando". — Barack Obama

"Si hay un libro que quiere leer, pero no ha sido escrito todavía, entonces debe escribirlo". — Toni Morrison

"Podemos cambiar nuestras vidas. Podemos hacer, tener, y ser exactamente lo que deseamos". — Tony Robbins

"Sea fiel a sus propias acciones, y felicítese si ha hecho algo inesperado y extravagante, y ha roto la monotonía de una época convencional. Fue un gran consejo que una vez escuché le fue dado a una persona joven, 'Haga siempre lo que tiene miedo de hacer'".
— Ralph Waldo Emerson — *Heroism*

"Nunca entiende realmente a una persona hasta que considera las cosas desde su punto de vista… Hasta que se mete en su piel y camina en ella". — Atticus Finch (Harper Lee), *Matar un Ruiseñor*

"Trate a las personas como si fueran lo que deberían ser y les ayuda a convertirse en lo que son capaces de ser".
— Johann Wolfgang von Goethe

"He aprendido que el miedo le limita a sí mismo y a su visión. Funciona como una venda que le impide ver lo que puede estar a solo un par de pasos en el camino. El viaje es valioso, pero creer en sus talentos, sus habilidades y en su valor propio puede empoderarlo para caminar por un camino aún más brillante. Transformar el miedo en libertad – ¿Qué tan grandioso es eso?". — Soledad O'Brien

"La seguridad es principalmente una superstición. No existe en la naturaleza ni la experimentan los hijos de los hombres en general. Evitar el peligro no es más seguro a largo plazo que la exposición directa. La vida es una aventura atrevida, o nada".
— Helen Keller, *La Puerta Abierta*

"Su tiempo tiene límite, así que no lo desperdicie viviendo la vida de alguien más. No se deje atrapar por los dogmas, que es vivir con los resultados del pensamiento de otras personas. No permita que el ruido de las opiniones de los demás ahogue su propia voz interior. Y lo más importante, tenga el valor de seguir su corazón y su intuición. Ellos saben de algún modo lo que realmente quiere llegar a ser. Todo lo demás es secundario". — Steve Jobs

"Nunca deje que la vida obstaculice su capacidad de manifestar sus sueños. Profundice en sus sueños y profundice en sí mismo y crea que todo es posible, y hágalo realidad". — Corin Nemec

"El lugar para mejorar el mundo empieza en nuestro propio corazón y cabeza y manos, y después trabaja hacia afuera desde allí".
— Robert M. Pirsig, *Zen y el Arte del Mantenimiento de la Motocicleta*

"Lo que llegamos a ser depende de lo que leemos después de que todos los profesores han terminado con nosotros. La universidad más importante de todas es una colección de libros". — Thomas Carlyle

Concentrarse en lo Que Tiene, *No* en lo Que No Tiene

"No estropee lo que tiene deseando lo que no tiene; recuerde que lo que tiene ahora una vez estuvo entre las cosas que deseaba tener".
— Epicuro

"No se aflija ni llore. Todo lo que pierde regresa en otra forma".
— Rumi, *Selected Poems*

"Cada segundo que pierde pensando en lo que alguien más tiene, es tiempo perdido con el que podría crear algo para sí mismo".
— Gary Vaynerchuk

"Usted tiene un regalo único que ofrecer a este mundo. Sea fiel a sí mismo, sea amable consigo mismo, lea y aprenda sobre todo lo que le interesa, y aléjese de la gente que lo deprime. Cuando es amable consigo mismo y respeta la originalidad de aquellos que le rodean, le estará dando a este mundo un regalo increíble… ¡USTED!".
— Steve Maraboli, *Unapologetically You*

"No tenga a personas malvadas por amigos, no tenga a personas vulgares por amigos: tenga a personas virtuosas por amigos, tenga por amigos a los mejores hombres". — Gautama Buda, *Dhammapada*

"La gratitud abre la plenitud de la vida. Convierte lo que tenemos en suficiente, y más. Convierte la negación en aceptación, el caos en orden, la confusión en claridad. Puede convertir una comida en un banquete, una casa en un hogar, un extraño en un amigo".
— Melody Beattie, *El Lenguaje del Adiós*

"Si tiene un libro, tiene un amigo". — Frank Delaney

"Tengo paz interior; he logrado muchísimo". — Neil Sedaka

"Una vez sentí lo simple y frugal que es la felicidad: una copa de vino, una castaña tostada, un pequeño calentador precario, el sonido del mar. Nada más". — Nikos Kazantzakis, *Zorba el Griego*

"Una forma de abrir sus ojos es preguntarse, '¿Qué pasaría si nunca hubiera visto esto antes? ¿Qué pasaría si supiera que nunca lo volvería a ver?'". — Rachel Carson, *El Sentido del Asombro*

"Haga lo que puede, con lo que tiene, donde esté".
— Theodore Roosevelt, *The Works of Theodore Roosevelt*

"Cuanto antes aprenda que debería concentrarse en lo que tiene, y no obsesionarse con lo que no tiene, más feliz será". — Amy Poehler

---

"El éxito no es conseguir lo que quiere, es disfrutar lo que tiene".
— Glen Campbell

"No debe permitirse creer que no puede. Haga lo que puede hacer dentro del marco de lo que tiene, y no mire hacia fuera – mire hacia dentro". — Melvin Van Peebles

---

"La felicidad no depende de cuánto tiene para disfrutar, sino de cuánto disfruta lo que tiene". — Tom Wilson

---

"Nunca olvide los tres recursos poderosos que siempre tiene disponibles: amor, oración y perdón". — H. Jackson Brown, Jr.,
Life's Instructions for Wisdom, Success, and Happiness

"El agua limpia y el acceso a alimentos son unas de las cosas más simples que podemos dar por sentado cada uno y todos los días. En algunos lugares como en África, éstos pueden ser algunos de los recursos más difíciles de obtener si vive en un área rural".
— Marcus Samuelsson

"La riqueza no consiste en tener grandes posesiones, sino en tener pocos deseos". — Epicteto, *The Philosophy of Epictetus*

"Su visión llegará a ser clara solamente cuando puede mirar dentro de su propio corazón. Quien mira hacia fuera, sueña; quien mira hacia dentro, despierta". — Carl Jung, *Cartas*

"Tener un superpoder no tiene nada que ver con la capacidad de volar o saltar, o con una fortaleza sobrehumana. Los verdaderos superpoderes son aquellos que todos poseemos: fuerza de voluntad, integridad, y lo más importante, valor". — Jason Reynolds

---

"El que no tiene amor en su corazón intentará poseer todo para sí mismo. El que tiene amor en su corazón está listo para sacrificar todo, incluyendo su propio cuerpo, en beneficio de los demás".
— Thiruvalluvar

"No hay nada de malo en que los hombres posean riquezas. Lo malo está cuando las riquezas poseen a los hombres". — Billy Graham

"El amor es realmente lo único que podemos poseer, mantener con nosotros, y llevar con nosotros". — Elisabeth Kübler-Ross

"Casi todo hombre desperdicia parte de su vida tratando de mostrar cualidades que no posee". — Samuel Johnson, *The Rambler*

"Realmente creo que cada uno tiene un talento, habilidad o capacidad que puede explotar para mantenerse a sí mismo y tener éxito en la vida". — Dean Koontz

"La gratitud significa reconocer lo bueno en su vida, ser agradecido por todo lo que tiene, algunas personas posiblemente no tienen ni una de esas cosas que usted considera valiosas (amor, familia, amigos, etc.). Todos los días dé gracias por el regalo de la vida. Usted es bendecido". — Pablo Valle

"Estar molesto por lo que no tiene es desperdiciar lo que tiene". — Ken Keyes, Jr.

"Esté contento con lo que tiene; regocíjese en la manera en que están las cosas. Cuando reconoce que no le falta nada, el mundo entero le pertenece". — Lao Tzu, *Tao Te Ching*

"Nunca pase por alto una oportunidad de decir una palabra amable de agradecimiento. Hay seis billones de personas en el planeta, y 5.9 billones de ellas se van a la cama cada noche hambrientos por una palabra sincera de agradecimiento".
— Matthew Kelly, *El Ritmo de la Vida*

"Tenga conocimiento de que ya tiene toda la sabiduría interior, la fortaleza y la creatividad que necesita para convertir sus sueños en realidad. Para la mayoría de nosotros es difícil darnos cuenta de esto, porque la fuente de este poder personal ilimitado está profundamente enterrada debajo de las facturas, el automóvil, los pagos pendientes, los viajes de negocio y la ropa sucia, por lo que tenemos dificultad para tener acceso a ellos en nuestra vida cotidiana. Cuando no podemos tener acceso a nuestros recursos internos llegamos a la conclusión errónea de que la felicidad y la satisfacción provienen solo de eventos externos. Eso es porque los eventos externos generalmente traen consigo algún tipo de cambio… Podemos aprender a ser los catalizadores de nuestro propio cambio… Usted ya posee todo lo que necesita para ser genuinamente feliz".
— Sarah Ban Breathnach, *Simple Abundance*

"Creo que uno de los propósitos fundamentales de nuestras almas es conocer, amar y expresar nuestro yo auténtico. Para vivir la vida y ser la persona que fuimos creados para ser. Sin embargo, nuestro verdadero yo solo emerge cuando es seguro hacerlo. La auto-condena, la vergüenza y la culpa hacen que su verdadera naturaleza se esconda. Es solo en la seguridad de la curiosidad gentil, el estímulo y la autoestima que su alma puede florecer con la intención que fue creada".
— Sue Patton Thoele

"El filósofo alemán del siglo dieciocho, Johann Herder, enseñó que cada persona tiene una manera original y única de ser humano. La tarea es desarrollarla. Según Nietzsche, una persona es conocida por su 'estilo', es decir, por el patrón único que le da unidad y distinción a las actividades que realiza. El estilo expresa la singularidad del yo. En lugar de encajar la vida de uno dentro de las demandas de conformidad externa, en lugar de vivir la vida de uno como una imitación de la vida de otro, uno debe buscar en su interior para encontrar el yo auténtico. Hay que esforzarse para desarrollar el propio estilo único en la elaboración del alma. Un individuo que niega su propia individualidad expresa la vida con una voz distinta a su propia voz. Una persona que suprime su propio yo corre el peligro de perder de vista la importancia de su propia existencia, corre el peligro de renunciar a lo que significa ser humano". — Byron Sherwin, *Crafting the Soul*

"Cuando veo a alguien sonreír, sé inmediatamente que ella o él saben vivir. ¿Cuántos artistas han trabajado para conseguir plasmar esa media sonrisa en los labios de innumerables estatuas y pinturas? Estoy seguro de que esa misma sonrisa debe haber iluminado los rostros de aquellos escultores y pintores mientras trabajaban. ¿Se imagina a un pintor enojado dando vida a una sonrisa así? La sonrisa de Mona Lisa es un destello, tan solo una insinuación de una sonrisa. No obstante, incluso una sonrisa como esa es suficiente para relajar todos los músculos del rostro, para borrar de él todo el cansancio y las preocupaciones. Una pequeña sonrisa en nuestros labios nutre la conciencia y nos calma milagrosamente. Nos devuelve a la paz que creíamos haber perdido".
— Thich Nhat Hanh

"Solo imagine convertirse en la manera en que solía ser cuando era un niño muy pequeño, antes de comprender el significado de cualquier palabra, antes de que las opiniones se apoderaran de su mente. Su verdadero ser es amoroso, alegre y libre. Su verdadero ser es simplemente como una flor, como el viento, como el océano, como el sol". — Don Miguel Ruiz

"A veces estaba tan ocupado sintonizado con ideas, expectativas y demandas externas, que no pude escuchar la única música en mi alma. Perdí mi capacidad de escuchar creativamente a mi ser más profundo, a mi propio Dios interior". — Sue Monk Kidd

"Lo más fácil en el mundo es ser uno mismo. Lo más difícil es ser lo que otras personas quieren que uno sea. No permita que los demás lo pongan en esa posición". — Leo Buscaglia, *Amor*

"Recuerde ser agradecido. Sentirse bendecido por lo que otros le dan, reconocer sus contribuciones, y dedicar tiempo cultivando sus relaciones con familiares y amigos es fundamental para encontrar felicidad en la vida". — Sonia Sotomayor

"Mi misión en la vida no es simplemente sobrevivir, sino prosperar; y hacerlo con algo de pasión, algo de compasión, algo de humor y algo de estilo". — Maya Angelou

"Nadie es un villano en su propia historia. Todos somos los héroes de nuestras propias historias". — George R. R. Martin

"Un día después de un ejercicio de dibujo uno de mis estudiantes dijo asombrado, "¡Cada vez que dibujo algo me enamoro!". No me sorprendió escuchar esto porque sé que cuando despertamos completamente al mundo que nos rodea, con vivos colores, líneas y formas nos llenamos de asombro. Es fácil enamorarse de las cosas que hemos pasado desapercibidas por tanto tiempo, porque nos damos cuenta de que el mundo se nos ofrece como un amante que anhela nuestro abrazo y reconocimiento. Recibir el universo con toda su diversidad nos permite una nueva apreciación propia, y llegar a un nivel de auto-aceptación y amor propio nos prepara para devolverle amor al mundo. Cuando esta conciencia vive en nuestra esencia, celebrar se convierte en una forma de vida". — Adriana Díaz

"La experiencia más hermosa que podemos tener es la misteriosa. Es la emoción fundamental que está presente en la cuna del verdadero arte y la verdadera ciencia". — Albert Einstein, *El Mundo como yo lo Veo*

"Usted tiene que saber qué es lo que apoya, no solo a qué se opone".
— Laurie Halse Anderson, *Speak*

"Creatividad, decisión, pasión, honestidad, sinceridad, amor. Estos son los recursos humanos más importantes. Y cuando utiliza estos recursos puede obtener cualquier otro recurso en la Tierra". — Tony Robbins

"Vamos a ser agradecidos con las personas que nos hacen felices; ellos son los jardineros encantadores que hacen florecer nuestras almas".
— Marcel Proust, *Los Placeres y los Días*

"Esto de ser un ser humano es como una casa de huéspedes. Cada mañana llega alguien nuevo. Una alegría, una depresión, una malevolencia, alguna percepción momentánea llega como un visitante inesperado. ¡Recíbalos y entreténgalos a todos! Trate a cada visitante honorablemente. El mal pensamiento, la vergüenza, la mezquindad, recíbalos todos en la puerta riendo, e invítelos a pasar. Sea agradecido por los que llegan, porque cada uno de ellos ha sido enviado como guía desde el más allá". — Rumi, *The Guest House*

"Reflexione sobre sus bendiciones actuales – de las cuales cada hombre tiene muchas – no sobre sus desgracias pasadas, de las cuales todos los hombres tienen algunas".
— Charles Dickens, *A Christmas Carol and Other Christmas Writings*

"Estoy agradecido por lo que soy y por lo que tengo. Mi acción de gracias es perpetua. Es sorprendente lo contento que uno puede estar con nada definido – solo un sentido de existencia. Bueno, cualquier cosa para variar. Estoy listo para probar esto durante los próximos diez mil años y agotarlo. ¡Qué dulce pensar en eso! Mis extremidades bien carbonizadas, y mi parte intelectual también, para que no haya peligro de gusanos o descomposición por mucho tiempo. Mi respiración es dulce para mí. Cómo me rio cuando pienso en mis vagas riquezas indefinidas. Sacar de mi banco de riquezas no puede agotarlas, porque mi riqueza no consiste en posesiones sino en disfrutar".
— Henry David Thoreau, *Letters to Various Persons*

"Y cuando muerda una manzana crujiente, dígale en su corazón:
Tus semillas vivirán en mi cuerpo,
Y los brotes de tu mañana florecerán en mi corazón,
Y tu fragancia será mi aliento,
Y juntos nos regocijaremos durante todas las estaciones".
— Kahlil Gibran, *El Profeta*

"Me permito un buen llanto si lo necesito, pero después me concentro en todas las cosas buenas que aún hay en mi vida".
— Mitch Albom, *Martes con Mi Viejo Profesor*

"No pida que los eventos deban ocurrir como su voluntad lo desea, sino deje que su voluntad sea que los eventos deban ocurrir como lo hacen, y usted tendrá paz". — Epicteto, *The Discourses*

"No diga que no tiene suficiente tiempo. Usted tiene exactamente la misma cantidad de horas por día que se le otorgaron a Helen Keller, Pasteur, Miguel Ángel, la Madre Teresa, Leonardo da Vinci, Thomas Jefferson y Albert Einstein".
— H. Jackson Brown, Jr., *Pequeño Libro de Instrucciones para la Vida*

"Las 'crisis' pueden ayudarnos a descubrir mucho sobre nosotros mismos y a enriquecer nuestras vidas. Si el 'desastre' enriquece nuestras vidas con regalos que de otra manera se habrían dado por sentado, ¿es realmente un desastre? ¿O es un regalo disfrazado?".
— Elisabeth Kübler-Ross

Concentrarse en el Presente, *No* en el Pasado y el Futuro

"No viva en el pasado, no sueñe con el futuro, concentre la mente en el momento presente". — Gautama Buda

---

"Para mí, mirar al pasado es como estar en la cuerda floja y mirar hacia abajo. En el momento presente, eso no le ayuda a lidiar con lo que tiene que lidiar para seguir adelante". — The Edge

---

"Para superar el pasado primero tiene que aceptar que el pasado ya pasó. No importa cuántas veces lo vuelva a visitar, lo analice, se arrepienta o se preocupe… ya terminó. Ya no puede lastimarlo más".
— Mandy Hale, *The Single Woman*

"Creo que es algo terrible, en la vida, esperar hasta que usted esté listo. Tengo la sensación en este momento de que en realidad nadie está nunca listo para hacer cualquier cosa. Casi no existe tal cosa como estar listo. Solo existe ahora. Y es mejor que lo haga ahora. Generalmente hablando, ahora es un momento tan bueno como cualquier otro momento". — Hugh Laurie

---

"El poder para crear un futuro mejor está contenido en el momento presente: Usted crea un buen futuro creando un buen presente".
— Eckhart Tolle

"Respire. Suéltelo. Y recuerde que este preciso momento es el único momento que sabe que tiene con seguridad". — Oprah Winfrey

"Qué maravilloso es que nadie necesita esperar ni un solo momento antes de comenzar a mejorar el mundo". — Ana Frank, *Anne Frank's Tales from the Secret Annex*

"Las personas son capaces en cualquier momento de sus vidas de hacer lo que sueñan". — Paulo Coelho, *El Alquimista*

"Cambie su vida hoy. No apueste por el futuro, actúe ahora, sin demora". — Simone de Beauvoir

"Estamos viviendo en una cultura completamente hipnotizada por la ilusión del tiempo, en la cual el tan llamado momento presente es sentido nada más como una línea divisoria infinitesimal entre un pasado omnipotentemente causal y un futuro absorbentemente importante. No tenemos presente. Nuestra consciencia está casi completamente preocupada con los recuerdos y las expectativas. No nos damos cuenta de que nunca hubo, hay ni habrá ninguna otra experiencia que la experiencia actual. Por lo tanto, estamos fuera de contacto con la realidad. Confundimos el mundo del que se ha hablado, el que se ha descrito y medido, con el mundo que es en realidad. Estamos enfermos con una fascinación por las herramientas útiles de nombres y números, de símbolos, signos, concepciones e ideas". — Alan Watts

"No puede darse el lujo de pensar en lo que podría haber sido. Solamente sea consciente de lo que es". — Noel Gallagher

"La naturaleza no se apresura, sin embargo todo se cumple".
— Lao Tzu, *Tao Te Ching*

"No digo que no deba perseguir sus sueños y metas. Simplemente que no abandone el presente por las incógnitas del futuro. Una gran parte de la felicidad se ignora, se pasa por alto, se pospone para años más tarde que posiblemente nunca lleguen. No espere más, y no pierda este momento por un mañana sin garantías".
— Kim Holden, *Bright Side: El Secreto está en el Corazón*

"No se preocupe por el mañana, porque mañana traerá sus propias preocupaciones. Deje que los problemas propios del día sean suficiente para el día". — Mateo 6:34, *La Biblia*

"Termine cada día y delo por hecho. Hizo lo que pudo. Sin duda ocurrieron algunos errores y disparates; olvídelos tan rápido como pueda. Mañana es un nuevo día. Comenzará serenamente y con mucho ánimo para que no le agobien sus tonterías del ayer".
— Ralph Waldo Emerson

"Cada mañana cuando abro mis ojos me digo: Yo, no eventos, tengo el poder de hacerme feliz o infeliz el día de hoy. Puedo elegir cuál será. Ayer está muerto, mañana no ha llegado todavía. Tengo solo un día, hoy, y voy a ser feliz en este día". — Groucho Marx

"Una de las cualidades fundamentales que debe tener un líder es la capacidad de desconectarse del caos, de la confusión y de las emociones en una situación, y de tomar decisiones buenas y claras basadas en lo que realmente está sucediendo". — Jocko Willink

"Alguien debería decirnos, justo en el inicio de nuestras vidas, que estamos muriendo. Entonces, posiblemente viviríamos al máximo potencial cada minuto de cada día. ¡Hágalo! Lo que sea que quiera hacer, ¡hágalo ahora! Solo hay cierta cantidad de mañanas".
— Michael Landon

"Durante mucho tiempo me pareció que la vida real estaba a punto de comenzar – la vida real. Pero siempre había algún obstáculo en el camino. Algo tenía que pasar primero, algún asunto pendiente, tiempo que cumplir o una deuda que pagar. Entonces, la vida comenzaría. Por fin me di cuenta de que estos obstáculos eran mi vida".
— Alfred D'Souza

"Nunca se sabe cuándo un momento y unas pocas palabras sinceras pueden tener un impacto en una vida". — Zig Ziglar

"No puede elegir cómo morirá. O cuándo. Pero puede decidir cómo va a vivir en el presente". — Joan Baez, *Daybreak*

"No lleve la carga del pasado; no viva en el futuro. Lo único importante es que uno viva auténtica y completamente en el presente. Sea cual sea su vida actual, sea lo máximo que pueda ser viviendo en el momento". — Chan Chih

"No puede darse el lujo de esperar por las condiciones perfectas. Establecer metas es con frecuencia una cuestión de equilibrar el tiempo contra los recursos disponibles. Las oportunidades se pierden fácilmente mientras se espera por las condiciones perfectas".
— Gary Ryan Blair

"Ser consciente de nuestro entorno es regresar nuestro pensamiento a nuestra realidad del momento presente y a la posibilidad de un poco de serenidad frente a circunstancias que están fuera de nuestra capacidad de control". — Jeff Kober

"La vida le da suficiente tiempo para hacer lo que quiera hacer si se queda en el momento presente". — Deepak Chopra

"El momento presente, si piensa al respecto, es el único momento que hay. No importa la hora que sea, siempre es ahora".
— Marianne Williamson

"Hay ciertas formas con las que cultivo la conciencia, tanto por medio de yoga consciente como cuidando mi cuerpo y dedicando tiempo para realmente profundizar todo lo posible en la quietud, en lo que se esté desarrollando en el momento presente". — Jon Kabat-Zinn

"La meditación me ha enseñado a estar en el momento presente y observar el momento presente al mismo tiempo. Solamente respire, siga su respiración, y su intuición puede llevarle de allí en adelante".
— Tara Stiles

"Nuestro momento presente es un misterio del que somos parte. Aquí y ahora es donde se esconde todo lo maravilloso de la vida. Y no cometa errores al respecto, luchar por vivir plenamente en el presente es luchar por lo que ya es importante". — Wayne Dyer

"Hay muchas razones para poner a un lado nuestros teléfonos celulares de vez en cuando, en particular el hecho de que revisarlos incesantemente nos remueve del momento presente e interrumpe las cenas familiares en todo el mundo". — Amy Cuddy

"¿Qué es lo más importante que impide que las personas vivan sus vidas en el momento presente? El miedo – y debemos aprender cómo superar el miedo". — Brian Weiss

"Que le hayan ofendido no es nada a menos que usted lo siga recordando". — Confucio

"Los niños tienen una manera de obligarle a regresar al momento presente". — Lorna Luft, *Me and My Shadows*

"Seguramente no hay nada más que el único propósito del momento presente. La vida entera de un hombre es una sucesión de momento tras momento. Si uno comprende completamente el momento presente, no habrá nada más que hacer, y nada más que perseguir. Viva siendo fiel al único propósito del momento".
— Yamamoto Tsunetomo, *Hagakure*

"Sé que el propósito de la vida es comprender y estar en el momento presente con las personas que ama. Es así de simple".
— Jane Seymour

"Aprenda a disfrutar cada minuto de su vida. Sea feliz ahora. No espere a que algo externo a usted le haga feliz en el futuro. Piense en lo precioso que es el tiempo que tiene para usar, ya sea en el trabajo o con su familia. Cada minuto debería disfrutarse y saborearse".
— Earl Nightingale

"Dé siempre lo mejor de sí. Lo que siembra ahora, lo cosechará más tarde". — Og Mandino

"Planificar es traer el futuro al presente para que pueda hacer algo al respecto ahora". — Alan Lakein

---

"Déjanos hacer nuestro futuro ahora, y déjanos hacer nuestros sueños la realidad de mañana". — Malala Yousafzai

---

"Lo importante es estar aquí ahora. No hay pasado y no hay futuro. El tiempo es muy engañoso. Todo lo que siempre existe es el ahora. Podemos obtener experiencia del pasado, pero no podemos revivirlo; y podemos tener esperanzas en el futuro, pero no sabemos si existe uno". — George Harrison

---

"No vivo ni en mi pasado ni en mi futuro. Solo estoy interesado en el presente. Si puede concentrarse siempre en el presente será un hombre feliz. La vida será una fiesta para usted, un gran festival, porque la vida es el momento que estamos viviendo ahora".
— Paulo Coelho, *El Alquimista*

"El infierno está en el aquí y ahora. También el cielo. Deje de preocuparse por el infierno o de soñar con el cielo, ya que los dos están presentes en este mismo momento. Cada vez que nos enamoramos, ascendemos al cielo. Cada vez que odiamos, envidiamos o peleamos con alguien, caemos derecho a los fuegos del infierno".
— Elif Shafak, *The Forty Rules of Love*

"Para el ojo atento cada momento del año tiene su propia belleza, y en los mismos campos, contempla cada hora, una imagen que nunca antes se había visto y que no se volverá a ver nunca más".
— Ralph Waldo Emerson, *Nature and Selected Essays*

"No hay otro día. Todos los días están presentes ahora. Este momento contiene todos los momentos". — C. S. Lewis, *El Gran Divorcio*

"A menos que uno sea capaz de vivir completamente en el presente, el futuro es una broma. No hay objetivo en hacer planes para un futuro el cual nunca podrá disfrutar. Cuando sus planes maduren, todavía estará viviendo por otro futuro más lejano. Nunca, nunca será capaz de sentarse completamente contento y decir, '¡Ahora, he llegado!' Toda su educación le ha privado de esta capacidad porque le estaba preparando para el futuro, en vez de mostrarle cómo estar vivo ahora".
— Alan Watts, *The Book on the Taboo Against Knowing Who You Are*

"El amor no es un estado de cariño perfecto. Es un sustantivo activo, como lucha. Amar a alguien es esforzarse por aceptar a esa persona exactamente como es, justo aquí y ahora".
— Fred Rogers, *The World According to Mister Rogers*

"Si cuidamos los momentos, los años se cuidarán solos".
— Maria Edgeworth

"Ningún hombre pone el pie en el mismo río dos veces, porque ese no es el mismo rio y él no es el mismo hombre". — Heráclito

---

"Recuerde entonces: Solo hay un momento que es importante – ¡Ahora! Es el momento más importante porque es el único momento en el que tenemos algún poder. El hombre más necesario es aquel con quien está, porque ningún hombre sabe si alguna vez tendrá que tratar con algún otro: y el asunto más importante es hacerle el bien, ¡porque solo con ese propósito fue enviado el hombre a esta vida!".
— Leo Tolstoy, *What Men Live by and Other Tales*

"Si siente ansiedad o depresión usted no está en el presente. O bien, está proyectando ansiosamente el futuro o está deprimido y atascado en el pasado. Lo único sobre lo que tiene algún control es el momento presente; los ejercicios sencillos de respiración pueden calmarnos y hacernos presentes de inmediato".
— Tobe Hanson, *The Four Seasons Way of Life*

"Es lógico pensar que cualquiera que aprenda a vivir bien morirá bien. Las habilidades son las mismas: estar presente en el momento, y ser humilde, y valiente, y mantener un buen sentido del humor".
— Victoria Moran, *Cada Día Más Joven*

"Disfrute de los placeres presentes de tal manera que no perjudique los placeres futuros". — Seneca, *Cartas a Lucilio*

Concentrarse en lo Que Necesita, *No* en lo Que Quiere

"Distinga entre las necesidades reales y las necesidades falsas y controle las últimas". — Mahatma Gandhi

"Un profundo sentido de amor y pertenencia es una necesidad irreducible de todas las personas. Somos biológicamente, cognitivamente, física y espiritualmente programados para amar, para ser amados y para pertenecer. Cuando esas necesidades no se satisfacen no funcionamos como estábamos destinados a hacerlo. Nos destruimos. Nos desmoronamos. Nos adormecemos. Sufrimos. Lastimamos a los demás. Nos enfermamos".
— Brené Brown, *Los Dones de la Imperfección*

"El aprendizaje continuo es el requisito mínimo para tener éxito en cualquier campo". — Brian Tracy

"Si tenemos amor, tenemos familia, tenemos todo lo que necesitamos".
— Ayesha Curry

"Es posible que no haya ido donde intenté ir, pero creo que terminé donde necesitaba estar".
— Douglas Adams, *The Long Dark Tea-Time of the Soul*

"La educación más valiosa de todas es la capacidad de obligarse a sí mismo a hacer lo que necesita hacer, cuando tiene que hacerse, independientemente de que le guste o no". — Aldous Huxley

"Nada es particularmente difícil si lo divide en trabajos pequeños".
— Henry Ford

"Fui al bosque porque deseaba vivir deliberadamente, enfrentar solo los hechos esenciales de la vida, y ver si podía aprender lo que ella tenía que enseñar, para que al momento de morir no tenga que descubrir que no he vivido". — Henry David Thoreau, *Walden*

"Cuando lee sobre la vida de otras personas, personas de circunstancias diferentes o de circunstancias similares, usted es parte de sus vidas en ese momento. Habita sus vidas y siente lo que están sintiendo, y eso es compasión. Si nos damos cuenta de que la lectura nos permite eso, nos percatamos de lo absolutamente esencial que es la lectura". — Amy Tan

"No se trata del incremento diario, sino de la disminución diaria. Elimine lo que no es esencial". — Bruce Lee

"La vivienda es absolutamente necesaria para el florecimiento de la humanidad. Sin un refugio estable todo se derrumba".
— Matthew Desmond

"La autoestima es tan importante para nuestro bienestar como las patas para una mesa. Es esencial para la salud física y mental y para la felicidad". — Louise Hart

"Para mí, es esencial tener la paz y la serenidad interna de la oración para poder escuchar el silencio de Dios, el cual nos habla, en nuestra vida personal y en la historia de nuestros tiempos, de la fuerza del amor". — Adolfo Pérez Esquivel

"Organizar efectivamente involucra solo tres acciones esenciales. Todo lo que tiene que hacer es tomar el tiempo para examinar cada artículo que posee, decidir si quiere conservarlo o no, y después elegir en qué lugar colocará lo que va a conservar. Designar un lugar para cada cosa".
— Marie Kondo

"Tener pasión por lo que hace es esencial para el éxito en cualquier profesión. Naturalmente, esa pasión le mantiene interesado y alerta de todo lo que sucede a su alrededor, cualquier cosa que afecte su oficio".
— Daniel Humm

"Las cosas mejores y más bellas en el mundo no se pueden ver ni tocar – deben ser sentidas con el corazón". — Helen Keller

"Debemos desarrollar y mantener la capacidad de perdonar. El que carece del poder de perdonar, carece del poder de amar. Existe algo bueno en lo peor de nosotros y hay algo malo en lo mejor de nosotros. Cuando descubrimos esto somos menos propensos a odiar a nuestros enemigos". — Martin Luther King, Jr.

"La mayoría de las cosas que compramos son cosas que queremos. Y las llamamos necesidades, pero son cosas que queremos".
— Dave Ramsey

"Después de la alimentación, el refugio y la compañía, las historias es lo que más necesitamos en el mundo". — Philip Pullman

"Un hombre viaja por todo el mundo en busca de lo que necesita y regresa a casa para encontrarlo". — George A. Moore, *The Brook Kerith*

"El hombre necesita tan poco… sin embargo empieza queriendo tanto". — Louis L'Amour

"Un amigo es lo que el corazón necesita todo el tiempo".
— Henry Van Dyke

"Todo sucede cuando tiene que suceder; todos están siempre donde tienen que estar. Nunca se perderá de algo que está destinado para usted, incluso si ese algo tiene que llegar a usted de una manera indirecta". — Iyanla Vanzant

"El mundo necesita menos calor y más luz. Necesita menos calor de la ira, la venganza, la represalia, y más luz de las ideas, la fe, el valor, las aspiraciones, la alegría, el amor y la esperanza". — Wilferd Peterson

"Una persona realmente fuerte no necesita la aprobación de otros más de lo que un león necesita la aprobación de una oveja".
— Vernon Howard

"Dicen que una persona necesita solo tres cosas para ser realmente feliz en este mundo: alguien a quien amar, algo que hacer, y algo para tener esperanza". — Tom Bodett, *As Far as You Can Go Without a Passport*

"El mundo necesita diferentes tipos de mente para trabajar juntos".
— Temple Grandin

"La más básica de todas las necesidades humanas es la necesidad de comprender y ser comprendido. La mejor manera de comprender a las personas es escuchándolas". — Ralph Nichols

"La naturaleza no es un lujo sino una necesidad del espíritu humano, y es tan vital para nuestras vidas como el agua y el buen pan".
— Edward Abbey, *El Solitario del Desierto*

"Nunca necesita realmente lo que quiere. Esa es la clave principal y absoluta para la serenidad". — Albert Ellis

"No hay necesidad de apresurarse. No hay necesidad de brillar. No hay necesidad de ser nadie más que uno mismo".
— Virginia Woolf , *Una Habitación Propia*

"Recuerde, si alguna vez necesita una mano amiga, está al final de su brazo, a medida que envejece recuerde que tiene otra mano: La primera es para ayudarse a sí mismo, la segunda es para ayudar a los demás".
— Audrey Hepburn

"No necesito un amigo que cambie cuando yo cambio y que asiente con la cabeza cuando yo asiento; mi sombra lo hace mucho mejor".
— Plutarco

"Durante millones de años la humanidad vivió simplemente como los animales. Entonces ocurrió algo que desencadenó el poder de nuestra imaginación. Aprendimos a hablar y aprendimos a escuchar. La comunicación oral nos ha permitido expresar las ideas, haciendo posible que los seres humanos trabajen juntos para construir lo imposible. Los logros más importantes de la humanidad han sido posibles debido al habla, y los errores más grandes por no hablar. No tiene que ser así. Nuestras esperanzas más grandes podrían convertirse en realidad en el futuro. Con la tecnología a nuestra disposición, las posibilidades son ilimitadas. Todo lo que tenemos que hacer es asegurarnos de seguir hablando". — Stephen Hawking

"Tal vez no existe tal cosa como buenos amigos o malos amigos – tal vez solo hay amigos, personas que están a su lado cuando sufre y que le ayudan a no sentirse tan solo. Tal vez, merecen que siempre se preocupe por ellos, tenga esperanzas por ellos y viva por ellos. Posiblemente vale la pena morir por ellos también, si eso es lo que tiene que pasar. No buenos amigos. No malos amigos. Solo personas que quiere, con las que necesita estar; personas que construyen sus moradas en su corazón". — Stephen King, *It (Eso)*

"Pies, para que los necesito si tengo alas para volar". — Frida Kahlo

"No le debo nada a la gente, y no tengo que hablar con ellos más de lo que siento que necesito hacerlo".
— Ned Vizzini, *It's Kind of a Funny Story*

"A veces necesita tomar un descanso de todos y pasar tiempo solo, para experimentar, apreciar y amarse a sí mismo". — Robert Tew

"Para buenas ideas y verdadera innovación necesita interacción humana, conflicto, argumento y debate". — Margaret Heffernan

"La lectura es esencial para quienes quieren sobresalir por encima de lo ordinario. No debemos permitir que nada se interponga entre nosotros y los libros que podrían cambiar nuestras vidas". — Jim Rohn

"Estoy empezando a pensar que este mundo es solamente un lugar para que aprendamos que nos necesitamos unos a otros más de lo que queremos admitir". — Richelle E. Goodrich, *Smile Anyway*

"Muchas investigaciones han demostrado que las plantas son buenas para nuestro desarrollo psicológico. Si siembra un área, la taza de crimen disminuye. Las víctimas de tortura comienzan a recuperarse cuando pasan tiempo afuera en un jardín de flores. Por lo tanto, las necesitamos en un sentido psicológico profundo, el cual supongo que nadie realmente entiende todavía". — Jane Goodall

"El dolor es necesario. A veces el dolor es el maestro que necesitamos, un regalo escondido de sanación y esperanza". — Janet Jackson

"La tolerancia, el diálogo intercultural y el respeto por la diversidad son más esenciales que nunca en un mundo donde las personas están cada vez más y más interconectadas". — Kofi Annan

"Desconectarnos de nuestra tecnología para volver a conectarnos con nosotros mismos es absolutamente esencial para la sabiduría".
— Arianna Huffington

"Pasar tiempo solo en su propia compañía refuerza su autoestima, y es a menudo la forma número uno de reponer sus reservas de resistencia".
— Sam Owen, *Resilient Me*

"Lo más difícil de encontrar en la vida es el equilibrio – especialmente cuanto más éxito tiene más mira hacia el otro lado de la cerca. ¿Qué debo hacer para mantenerme centrada, relacionada, amada, conectada, emocionalmente equilibrada? Mirar en su interior". — Celine Dion

Concentrarse en lo Que Puede Dar, *No* en lo Que Puede Recibir

"Usted da poco cuando da de sus pertenencias. Es cuando da de sí mismo cuando realmente da". — Kahlil Gibran, *El Profeta*

"No creo que alguna vez deja de dar. Realmente no lo creo. Creo que es un proceso continuo. Y no se trata solo de ser capaz de escribir un cheque, se trata de influir positivamente en la vida de alguien".
— Oprah Winfrey

"El perdón. Es uno de los mejores regalos que se puede dar a sí mismo, perdonar. Perdone a todo el mundo. Usted se alivia de cargar ese peso del resentimiento. Realmente está más ligero. Se siente más ligero. Usted simplemente lo deja ir". — Maya Angelou

"Cuando toma una flor en sus manos y realmente la mira, es su mundo en ese momento. Quiero darle el mundo a alguien más. La mayoría de las personas en la ciudad andan apresuradas, no tienen tiempo de mirar una flor. Quiero que la vean ya sea que quieran o no".
— Georgia O'Keeffe

"Nos ganamos la vida con lo que conseguimos, pero ganamos una vida con lo que damos". — Winston Churchill

"Mi padre me dio el mejor regalo que alguien podría darle a otra persona, creyó en mí". — Jim Valvano

"El mejor regalo que puede darle a los demás es el regalo de amor y aceptación incondicional". — Brian Tracy

"Dios nos dio el regalo de la vida; depende de nosotros darnos el regalo de vivir bien". — Voltaire

"El valor de un ser humano radica en la capacidad de dar de uno mismo, salir de uno mismo, existir en y para otras personas".
— Milan Kundera, *El Libro de los Amores Ridículos*

"Solo tiene lo que da. Es dando de sí mismo que se hace rico".
— Isabel Allende

"Todas las cosas se producirán en cantidad y calidad superior, y con mayor facilidad, cuando cada hombre trabaje en una sola ocupación de acuerdo a sus dones naturales, y en el momento correcto, sin interferir con ninguna otra cosa". — Platón, *La República*

"Cada día ofrece sus propios regalos". — Marco Aurelio

"Realmente, tenemos que entender a la persona que queremos amar. Si nuestro amor es solo una voluntad de poseer, eso no es amor. Si únicamente pensamos en nosotros mismos, si solo nos interesan nuestras propias necesidades e ignoramos las necesidades de la otra persona, no podemos amar". — Thich Nhat Hanh, *Hacia la Paz Interior*

"Si tuviera la oportunidad de presentarle un regalo a la siguiente generación, sería que cada individuo tenga la capacidad de aprender a reírse de sí mismo". — Charles M. Schulz

"Imagine lo armonioso que podría ser el mundo si cada persona, tanto jóvenes como viejos, compartiera un poco de aquello en lo que son buenos". — Quincy Jones

"Espero que mis logros en la vida sean estos – que habré luchado por lo que era justo y correcto, que me habré arriesgado por lo que era importante y que habré ayudado a los necesitados, que habré dejado la tierra siendo un lugar mejor por las cosas que he hecho y por la persona que he sido". — C. Hoppe

"Mis logros más grandes nunca serán conocidos, quizás ni siquiera por mí mismo. Haber hecho que alguien sonriera y viera el mundo un poquito más brillante, haberle dado a alguien esperanza para el futuro, haber ayudado a alguien a ver su potencial el cual nunca podría haber visto de otra manera, haber ayudado a alguien a ver simplemente cuán hermoso o hermosa realmente es – para mí estos son los logros que más pueden ayudar a que este mundo sea un lugar más brillante, más amoroso". — Tom Walsh

"La tarea es reconocer que usted es excepcionalmente especial, que tiene algo para dar, algún talento que nadie más comparte de la misma manera. Este don necesita florecer para que podamos apreciarlo y disfrutar de sus beneficios, y para darle su reconocimiento. Se debe esto a sí mismo y a todos los demás para honrar sus dones, porque solo cuando comparte su alegría única con el mundo, el mundo entero se beneficia. Cada progreso que la humanidad ha conocido ha llegado gracias al esfuerzo de alguien. No deje que la timidez lo prive a usted y al mundo del poder y la pasión que radica en su interior. Nadie puede ser todo lo que usted será excepto usted mismo. Siga su pasión".
— Joel Garfinkle

"Alguien a quien amaba me dio una vez una caja llena de cosas malas. Tardé años en comprender que esto también fue un regalo".
— Mary Oliver, *Thirst*

"Tal vez algunas personas no están destinadas a estar en nuestras vidas para siempre. Tal vez algunas personas solo están de paso. Es como si algunas personas solo vinieran a nuestras vidas para traernos algo: un regalo, una bendición, una lección que tenemos que aprender. Y es por eso que están aquí. Usted tendrá ese regalo para siempre".
— Danielle Steel, *El Regalo*

"Tienes un gran don para el silencio, Watson. Te hace muy valioso como compañero". — Sherlock Holmes (Señor Arthur Conan Doyle), *The Complete Sherlock Holmes*

"La ruina es un regalo. La ruina es el camino hacia la transformación".
— Elizabeth Gilbert, *Come, Reza, Ama*

"Los mejores regalos que puede darle a sus hijos son las raíces de la responsabilidad y las alas de la independencia". — Denis Waitley

---

"Aquellos que son más felices son aquellos que hacen más por los demás". — Booker T. Washington, *Up from Slavery*

"La ley de dar es muy sencilla: si quiere alegría, dé alegría. Si lo que busca es amor, ofrezca amor. Si anhela la riqueza material, ayude a otros a ser prósperos".
— Deepak Chopra, *Las Siete Leyes Espirituales del Éxito*

"No dé para recibir. Dé para inspirar a otros a dar". — Simon Sinek

"El amor crece por la acción de dar. El amor que damos es el único amor que conservamos. La única manera de retener amor es dándolo". — Elbert Hubbard

"Haga algo útil. Cuando vea a una persona que no tenga una sonrisa. Dele una de las suyas". — Zig Ziglar

"La medida de su vida no estará en lo que acumule, sino en lo que regale". — Wayne Dyer, *Staying on the Path*

"Dé crédito a sí mismo. Se requiere valor para comenzar de nuevo y buscar una vida mejor. Muchas personas ni siquiera lo intentan jamás. Sus miedos, inseguridades y poca confianza en su poder personal los mantiene prisioneros, a veces para siempre. Reconozca, agradezca y apréciese a sí mismo por ser lo suficientemente valiente para intentarlo. En cada paso del camino dese amor apoyo y reconocimiento". — Cynthia Occelli

"No hay nada más hermoso que alguien que se esfuerza para hacer que la vida de los demás sea hermosa". — Mandy Hale, *The Single Woman*

"La pregunta más persistente y urgente de la vida es, '¿Qué está haciendo por los demás?'". — Martin Luther King, Jr., *Strength to Love*

"Si usted está en el uno por ciento de los más afortunados de la humanidad, le debe al resto de la humanidad pensar en el otro 99 por ciento". — Warren Buffett

"No es suficiente haber vivido. Deberíamos tener la determinación de vivir por algo. Permítame sugerirle que sea crear alegría para los demás, compartir lo que tenemos por el bien de la humanidad, llevar esperanza al que la ha perdido y amor al que se encuentra solo".
— Leo Buscaglia, *Amor*

"Las personas fuertes no menosprecian a los demás… Los levantan".
— Michael P. Watson

"Si no está ayudando a mejorar la vida de alguien más, entonces está perdiendo su tiempo. Su vida será mejor haciendo que otras vidas sean mejores". — Will Smith

"No puedo hacer todo el bien que el mundo necesita. Pero el mundo necesita todo el bien que yo pueda hacer". — Jana Stanfield

"Una de las cosas más importantes que puede hacer en esta tierra es dejarle saber a las personas que no están solas". — Shannon L. Alder

"A veces aquellos que dan más son los que tienen menos de sobra".
— Mike McIntyre, *The Kindness of Strangers*

"Nunca subestime la diferencia que USTED puede hacer en la vida de otros. Dé un paso adelante, extienda la mano y ayude. Esta semana busque a alguien que podría necesitar que le levanten el ánimo".
— Pablo Valle

"Ayudar a los demás es la salsa secreta para una vida feliz".
— Todd Stocker, *Refined*

"Cuando se extiende para ayudar a los necesitados, no se sorprenda si ocurre el significado esencial de algo". — Stephen Richards

"La vida no es fácil para ninguno de nosotros. ¿Pero qué con eso? Debemos tener perseverancia y, sobre todo, confianza en nosotros mismos. Debemos creer que tenemos un don para algo y que ese algo se debe lograr". — Marie Curie

"El simple regalo de dar se convierte en un rico y elaborado regusto de un sentimiento de felicidad natural, que perdura incesantemente en mi vida". — Wes Adamson

"Hacer más por el mundo de lo que el mundo hace por usted – eso es éxito". — Henry Ford

"La mejor manera de encontrarse a sí mismo es perderse al servicio de los demás". — Mahatma Gandhi

"Si espera hasta que pueda hacer todo por todos, en vez de hacer algo por alguien, terminará sin hacer nada por nadie". — Malcom Bane

"Un hombre ha comenzado al menos a descubrir el significado de la vida humana cuando siembra árboles de sombra bajo los cuales sabe muy bien que nunca se sentará".
— D. Elton Trueblood, *The Life We Prize*

"El nivel de nuestro éxito está limitado solo por nuestra imaginación, y cualquier acto de bondad por pequeño que sea, nunca es desperdiciado". — Esopo

"Lo que hemos hecho únicamente por nosotros muere con nosotros, lo que hemos hecho por los demás y por el mundo permanece y es inmortal". — Albert Pike

"Las buenas acciones nos dan fortaleza a nosotros mismos e inspiran buenas acciones en los demás". — Platón

"Lo que deja atrás no es lo que está grabado en monumentos de piedra, sino lo que está entretejido en la vida de otros". — Pericles

"El regalo más hermoso que puede dar a los demás es su actitud positiva". — Jacqueline Camacho-Ruiz

3 Citas Extras para Reflexionar

"Con una mente abierta, busque y escuche todos los ideales más altos. Considere los pensamientos más iluminadores. Luego, elija su camino, persona por persona, cada uno por sí mismo". — Zoroaster

---

"Cada día debe desaprender las cosas que le detienen de aprender. Debe deshacerse de la negatividad para que pueda aprender a volar".
— Leon Brown

"No se nos ha otorgado una buena vida o una mala vida, se nos ha dado una vida y depende de nosotros hacerla buena o mala".
— Ward Foley

Extracto de *7 Pensamientos para Vivir Su Vida*

Las siguientes páginas contienen una muestra gratuita del libro complementario a este libro de citas, que es un libro que le recomiendo leer para que le ayude a poner en práctica las citas que ha leído aquí. El título es *7 Pensamientos para Vivir Su Vida: Una Guía para Vivir Feliz, en Paz y con Propósito.*

A continuación le presento los comentarios que han hecho algunos lectores sobre el libro:

"Si todos leyeran este libro – e implementaran los Siete Pensamientos como están descritos aquí – la vida sería mucho menos estresante, más amable, y sería una experiencia más humana, pacífica y positiva".

— Steven Howard, Autor, Facilitador de Desarrollo de Liderazgo

"Nuestros pensamientos son realmente como ríos, que pueden desviarse, deambular o gotear o precipitarse. A veces nuestros pensamientos fluyen armoniosamente y todo está en orden y bien cuidado. Este libro es diferente a otros libros de auto ayuda sobre cómo manejar sus propios pensamientos porque presenta la información en una perspectiva multidimensional. Otros dan los principios de manera rotunda o unidimensional, lo que significa que son realmente como órdenes o comandos, pero sin una sustancia unificadora. Este es el mejor libro de auto ayuda general que he leído".

— Celine Lai, Blogger de libros

Introducción a los
7 Pensamientos para Vivir Su Vida

"Estamos formados por nuestros pensamientos; nos convertimos en lo que pensamos. Cuando la mente es pura, la alegría lo acompaña como una sombra que nunca lo abandona". — Buda

¿Cuáles son los Objetivos Fundamentales de este Libro?

El objetivo de *7 Pensamientos para Vivir Su Vida* es trascender los objetivos de los libros de superación personal. ¿Qué significa esto? Independientemente de que su meta sea la felicidad, la paz, encontrar su propósito, lograr sanación espiritual, productividad, éxito, sabiduría, sociabilidad, lucidez mental o alguna otra cosa que implique el mejoramiento de sí mismo, creo que encontrará lo que necesita aquí. En definitiva, este ejemplar le proporcionará un marco unificador para ayudarle a aprovechar su potencial al máximo.

Consideremos lo que distingue este libro de la mayoría de los libros que usted haya leído.

Es posible que haya escuchado que en la guerra o en los juegos de estrategia hay *tácticas* y hay *estrategias*. En general, las tácticas son consideradas acciones concretas que puede tomar para resolver un problema específico. Usualmente, este es el enfoque de los libros de superación personal. Un enfoque en las tácticas puede ser útil, ya que a menudo usted tiene un determinado problema y necesita resolverlo. Por ejemplo, si necesita ayuda para hacer nuevos amigos, entonces puede encontrar un libro que aborde este tema específico.

En contraste, las estrategias están basadas *no* en resolver un problema en particular, sino en la planificación y ubicación de sí mismo en una posición óptima para enfrentar *cualquier* problema que pueda surgir. Si bien es cierto que este libro incluye tácticas y consejos concretos, lo hace de una manera que es finalmente estratégica, y que le ayudará a colocarse en la mejor posición para enfrentar los obstáculos más importantes de su vida. Es posible que *7 Pensamientos para Vivir Su Vida* no le muestre cómo resolver su problema inmediato, pero este ejemplar será su juego de herramientas para entender cómo hacer el mejor uso de su mente, y cómo utilizarla al máximo potencial para resolver sus problemas cotidianos. Al final, este enfoque debería resultar más eficaz.

Otro objetivo de este libro es ayudarle a alcanzar lucidez y concentración de la mente. Vivimos en un mundo sobrecargado de información – que puede encontrar por medio de Internet, libros, noticias, televisión, radios, gurús, etc. Con demasiada información nueva, disponible diariamente, puede ser difícil desarrollar una mente calmada y enfocada. Nuestra mente tiende a ir en todas direcciones y lograr poco al final.

La idea fundamental de *7 Pensamientos para Vivir Su Vida* es que si pudiéramos calmar la mente y concentrarnos en lo que realmente importa, entonces seríamos mucho más felices, tendríamos más paz y, finalmente, podríamos vivir una vida llena de significado.

Como punto final, me gustaría mencionar que de vez en cuando he recibido correos electrónicos de personas que me comentan sobre el problema central de sus vidas. He notado que por lo general, el sufrimiento de estas personas proviene de *no* haber aplicado los *7 Pensamientos* en sus vidas. En muchos casos esto sucede, simplemente, porque no son conscientes de la existencia de estos pensamientos. De hecho, he observado esto con bastante frecuencia y me resulta frustrante saber que sus problemas podrían ser resueltos de una manera directa, si solo tuvieran la misma percepción profunda que yo he tenido – con este libro, por supuesto, ahora puede obtener ese entendimiento.

Antes de profundizar en los Pensamientos permítame compartir algunos de mis antecedentes con usted, en la siguiente sección.

Una Fuerza Destructiva Interior…

Ahora bien, empecemos con mi vida y lo que me motivó a escribir este libro en primer lugar.

Pasé o tal vez *desperdicié* años de mi vida. Pasé ese tiempo en una bruma negativa con una nube oscura colgando sobre mí. Tenía dificultad para ser sociable, por lo tanto, asumí que los demás no disfrutaban de mi compañía y que no era de su agrado. Era una gran lucha estar alrededor de otras personas ya que sentía que pensaban negativamente acerca de mí. No lo percibí en ese entonces, pero mi problema tenía que ver más con mi propia negatividad interna que con cualquier negatividad real de parte de los demás. A veces, incluso, me preguntaban, "¿Por qué eres tan negativo? ¿Cuál es el problema?". Pero nunca tuve una buena respuesta. Tenía la creencia de que la realidad era en verdad negativa y terrible, y que simplemente tenía que lidiar con ella. No entendía que, en ese entonces, estaba siendo consumido por mi propia negatividad – y que mi modo de ver la vida no representaba la realidad.

A pesar de lo pésima que era mi forma negativa de pensar, en la primera parte de mis veintes ya me estaba acostumbrando a ella. Pensaba que la negatividad era parte de lo que yo era – que formaba parte de mi personalidad. Mi vida se había convertido en un mal hábito de ver, pensar y hacer de una manera negativa. Desde luego, no estaba contento con esto – pero al mismo tiempo no veía ninguna otra opción. No sabía de qué otra manera ser. Me sentía atrapado, pero no tenía a mi alcance ninguna otra forma de escapar de la realidad que yo mismo había creado para mí.

Este modo de ser continuó por muchos años, y después vino la etapa más difícil de mi vida. Me había postulado a un programa de doctorado en Psicología industrial-organizacional. Tenía una profunda duda interior, consciente de que sería puesto a prueba aún mucho más allá de lo que podría imaginarme. Una parte de mí sabía que no estaba listo para este desafío, sin embargo, presenté mi solicitud de todos modos. En teoría era un excelente estudiante, pero mis habilidades para comunicarme eran muy deficientes, y eso me preocupaba. No obstante, fui aceptado en el programa de doctorado.

En la primera semana me di cuenta de que este proyecto representaría el mayor desafío de mi vida. Ahora bien, el trabajo en sí no era muy difícil, intelectualmente. Más que todo, había demasiado trabajo por hacer que parecía no tener fin. Por ejemplo, había una carga pesada de tareas de los cursos, múltiples proyectos de investigación, aprendizaje de programas estadísticos, manejo de investigadores universitarios, un gran número de tareas administrativas y una variedad de reuniones semanales referentes a temas de investigación. Todo esto mientras trataba de adaptarme a vivir en una nueva provincia.

Sin embargo, mi mayor batalla en ese momento no fue el trabajo en sí mismo, ni tampoco mi adaptación a una nueva localidad. Mi mayor batalla consistió en aprender a lidiar con mi propia negatividad abrumadora. Su fuerza se estaba convirtiendo en algo cada vez más grande, a medida que ganaba poder bajo las crecientes presiones y tensiones de mi vida.

Ya en las primeras semanas del programa pensé que no podría lidiar con todo el trabajo. Sentí que me estaba asfixiando con tantas tareas. Tenía tanto que hacer y aprender que era muy abrumador, más allá de lo que podría haber imaginado. Había empezado a perder la confianza en mi capacidad para realizar todas las tareas requeridas. Fracasar estaba frecuentemente en mi mente – presentía que era inevitable.

Después de varios meses en el programa me sentí derrotado. Estaba al día con las demandas de trabajo, pero mi mente me decía que iba a fracasar, una y otra vez, y no estaba contento. El trabajo ocupaba mi mente todo el día, y cuando llegaba la hora de dormir no podía dejar de pensar en las tareas pendientes. Generalmente, solo dormía un par de horas por noche. Además, estaba perdiendo peso, y ya estaba delgado desde el inicio. Una señal importante de que mi mente no estaba funcionando bien era que estaba olvidando cosas muy sencillas. Olvidaba los horarios de las reuniones, y a veces no podía recordar algo que me habían dicho solo minutos antes.

En mi peor momento mi mente estaba ocupada con incesantes pensamientos negativos sobre mí mismo – lo cual es, sin lugar a dudas, contraproducente. Podía haber estado sentado en una reunión y mi mente vagaba con pensamientos negativos. No podía concentrarme en otra cosa que no fuera esta negatividad. Después de un tiempo ya no quería continuar con mis estudios. Pero continué con el programa, a pesar de todo.

Pocos meses después llegaron las vacaciones de invierno. Debería haberme sentido feliz, pero en cambio me encontraba en cama. Pasé la mayor parte de los días en cama, no por una enfermedad física – sino por una dolencia mental. Ahora mi negatividad interior estaba en plena aceleración de modo permanente. Imagínese entrar en su carro, ponerlo en neutral, y entonces colocar el pie en el pedal del gas hasta el fondo. El motor acelera con tanta fuerza que suena como si fuera a reventar, pero el auto no va a ninguna parte. En esto se había convertido mi mente y mi vida. Mi mente trabajaba a toda marcha hasta el punto de la autodestrucción, pero yo no estaba progresando. El hecho de que me encontraba en cama, incapaz de hacer mucho de cualquier cosa, solamente reforzó los pensamientos negativos que había tenido – que en realidad no iba a ser capaz de continuar con mi formación académica.

Como un simple ejemplo de lo deterioradas que estaban las cosas, me resultaba difícil realizar una tarea tan básica como cepillarme los dientes – incluso llevar a cabo esta actividad requería de toda mi energía. A veces me sentía bien de haber logrado hacer esto por mi cuenta, y entonces regresaba a la cama y me preguntaba:

Si esto es a lo que he llegado, ¿cómo continuaré con este programa de doctorado? ¿Cómo terminaré mi carrera? Si lavarme los dientes es difícil, ¿cómo voy a aprender estadísticas avanzadas y supervisar a estudiantes universitarios o incluso atender a reuniones y asistir a clases?

Pensé con seriedad si aún valía la pena continuar. Pero de cierto modo me percaté de que mi mente no estaba funcionando correctamente, y no me sentí calificado para tomar una decisión tan importante en ese estado de ánimo, así que no renuncié.

En realidad, el programa se estaba convirtiendo en una preocupación menor – mi vida en sí era ahora mi mayor problema. Si continuaba deteriorándome a este ritmo tendría problemas mucho más grandes que completar un programa de doctorado.

Después de tocar fondo, pasando la mayoría de mis días en la cama, finalmente decidí buscar ayuda y visité a mi doctor. Me ordenó unas pruebas pertinentes y me explicó que tenía trastorno de depresión mayor y distimia. Me recetó antidepresivos y recomendó que empezara a ver a un psicólogo clínico para recibir sesiones de terapia. Expresó que en el estado de depresión profunda que padecía era fundamental tomar los medicamentos *y* asistir a terapia. Afirmó que cualquiera de los dos por sí solo no sería suficiente.

Después de un par de semanas de seguir el tratamiento me sentí bastante bien como para volver a funcionar otra vez. Podía realizar tareas básicas, pero seguía siendo una lucha desempeñarme al alto nivel académico que requería el programa de doctorado. Después de un par de meses estaba bien. Ya no me sentía abrumado por una negatividad creada por mí mismo, y podía realizar todo mi trabajo sin mucho problema.

Sin embargo, la verdadera sanación llevaría muchos años. Los medicamentos y la terapia psicológica me ayudaron a restablecer mi mente y mi cuerpo, pero no estaba realmente curado. Todavía necesitaba aprender a controlar mi mente para evitar que esto volviera a suceder. Después de un par de años siguiendo el plan de tratamiento, con el apoyo de mi médico y de mi terapeuta, dejé de tomar medicinas y de asistir a terapia. Sentí la necesidad de tomar esta decisión para poder controlar por completo mi propio destino. Quería asegurarme de que *yo* era el amo de mi propia mente y que no necesitaba depender de medicación ni de terapia. De manera intuitiva supe que ya no lo necesitaba – mi mayor problema era una negatividad autocreada y, por lo tanto, podía aprender a controlarla.

En los meses siguientes a la interrupción del tratamiento no me sentí peor, pero aún no me sentía contento, no sentía que estaba en el camino que deseaba seguir. No estaba abrumado con negatividad, pero no percibía este hecho aislado como un verdadero éxito. Esto era tanto un éxito como si dijera que la ausencia de dolor es un éxito. El logro de no sentirme profundamente vacío o triste no era suficiente. La vida tenía que ser más que esto. *Yo quería algo más.*

Como nota importante, si desea suspender un medicamento o descontinuar un programa de terapia psicológica, asegúrese de consultar este asunto primero con sus profesionales médicos y terapeutas. Puede haber grandes riesgos con la detención repentina de cualquiera de los dos, dependiendo de su situación.

El Camino hacia la Verdadera Sanación

Al darme cuenta de que mi vida aún no estaba en su curso correcto reflexioné sobre por qué algunas cosas habían salido tan mal. De hecho, con frecuencia reflexionaba sobre esto. Lógicamente, mi enfoque en todo lo negativo no me había ayudado. Parecía que mi modo habitual de enfocarme en lo negativo se había salido de control, y era incapaz de domarlo después de que había ganado demasiado impulso. No obstante, sentía que había algo más que estaba perdiendo de vista, así que seguí reflexionando día tras día. Finalmente, esto no me estaba brindando ninguna información nueva, por lo tanto, me di cuenta de que necesitaba cambiar mi estrategia.

Entonces empecé a meditar. Pensé que la meditación podría ayudarme a controlar mi propia negatividad, y sí lo hizo. Pero en el fondo lo que me sorprendió fue que de vez en cuando tenía un entendimiento profundo de mí mismo o del mundo que surgía a través de estas meditaciones. Mi sistema consistía en entrar en un estado meditativo relajado y en ese estado de concentración profunda, casi siempre, tenía la capacidad de percibir con lucidez. En ese momento me hacía la pregunta de cómo vivir una vida mejor, y cómo superar mis problemas.

Un día, mientras meditaba, todos estos Pensamientos inundaron mi mente:

1. **Concentrarse en lo que puede controlar, *no* en lo que no puede controlar**
2. **Concentrarse en lo positivo, *no* en lo negativo**
3. **Concentrarse en lo que puede hacer, *no* en lo que no puede hacer**
4. **Concentrarse en lo que tiene, *no* en lo que no tiene**
5. **Concentrarse en el presente, *no* en el pasado y el futuro**
6. **Concentrarse en lo que necesita, *no* en lo que quiere**
7. **Concentrarse en lo que puede dar, *no* en lo que puede recibir**

Creo que mi mente sintetizó *todos* los errores que había cometido en mi vida. Mi mente examinó los numerosos errores y equivocaciones que me habían llevado a una vida de creciente negatividad, hasta el punto de que esta fuerza negativa se había convertido en algo más grande que la fuerza de mi verdadero ser. Durante la meditación, mi mente se dio cuenta de que ella misma, *mi propia mente*, se había convertido en el enemigo. Así, mediante un proceso intuitivo y de síntesis, surgieron estos Pensamientos para ayudarme a prevenir que la mente se convirtiera en una fuerza destructiva; y permitirle florecer y convertirse en una fuerza constructiva – una fuerza para el bien, en lugar de una fuerza para el mal.

Esencialmente, en mi vida personal, me había enfocado en lo opuesto a estos Pensamientos, por lo que de manera intuitiva mi mente debió realizar que eso había sido la fuente de mis problemas. Necesitaba tener un cambio dinámico, un cambio de la mente a lo opuesto de lo que una vez había sido. Sería un proceso transformador. Mi desafío sería cambiar mi enfoque por completo – y transformarlo todo. Escribí los *Pensamientos* en una tarjeta y empecé a usarlos como guía de referencia, y de ahí en adelante mi vida nunca volvió a ser la misma. El verdadero cambio no ocurrió de la noche a la mañana. De hecho, me tomó años, pero cada vez que recitaba estos pensamientos, como si fueran un mantra, me sentía tranquilo sabiendo que iba progresando en el camino correcto. Al final, todo estaría bien.

¿Por Qué son Tan importantes Estos Pensamientos?

Encuentro que cuando me alejo de estos Pensamientos y me permito seguir a las multitudes cayendo en patrones negativos, preocupándome por lo que está fuera de mi control y hurgando en el pasado, las cosas empiezan a derrumbarse. La depresión y la ansiedad no están muy lejos. A menudo, me alejo de los Pensamientos solo un poco, luego un poco más, y entonces descubro que me estoy perdiendo rápidamente en el mar – rodeado por una tormenta turbulenta. Oportunamente, cuando he notado esto, he podido navegar de regreso a un puerto seguro. Esto ha sucedido varias veces, y cada vez estoy más convencido de que para vivir una buena vida es fundamental aplicar estos Pensamientos *todos los días*. Seguir estos Pensamientos me obliga a ser consciente de mis propios pensamientos, de modo que puedo aprender a atraer los buenos pensamientos y dejar que los malos circulen fuera de mí. Cuando dejo de dar combustible y energía a esos malos pensamientos tienden a desaparecer justo a tiempo.

Tengo conocimiento de que a veces hay autores que se entusiasman con una idea o un sistema, que solamente han usado durante corto tiempo y desean escribir un libro al respecto. Me gustaría dejar claro que el antecedente de este libro es distinto. Originalmente, tuve estos Pensamientos 7 años antes de la publicación de este libro. Durante ese tiempo he reflexionado de manera profunda sobre estos Pensamientos y los he incorporado a mi vida. De vez en cuando me he olvidado de ellos, brevemente, pero cada vez que lo hice me di cuenta de que había cometido un gran error y los incorporé de nuevo en mi vida.

Nuestra verdadera tarea, con la que debería ayudar este libro, es *convertir la mente destructiva en una mente constructiva*. Esto no quiere decir que toda su mente sea destructiva, pero tal vez partes de ella sí sean. Entonces, ¿no sería mejor cambiar esas partes de su mente y hacer que funcionen de manera positiva?

Por supuesto que lo sería.

Antes de continuar debo mencionar que desde que surgieron los Pensamientos, en la meditación, me he dado cuenta de que están en todas partes. Están presentes en textos religiosos, obras filosóficas, fábulas y parábolas, estudios psicológicos y en las máximas o refranes cotidianos que usa la gente. El hecho de que aparecen una y otra vez en una amplia gama de textos importantes, y en las palabras de una amplia gama de gurús a lo largo de miles de años, demuestra precisamente la importancia de estos Pensamientos. Como puede observar, yo no descubrí estos Pensamientos. Siempre estuvieron ahí y simplemente los redescubrí para mí. Son comunes y, sin embargo, están ocultos porque la mayoría de nosotros no los aplicamos, ya que estamos bombardeados por miles de pensamientos y segmentos de información diaria. Es hora de que despejemos el desorden y demos prioridad a los Pensamientos en nuestras vidas.

Los Tres Ingredientes Principales para Vivir la Buena Vida

Una meta fundamental de los *7 Pensamientos para Vivir Su Vida* es ayudarle a vivir una buena vida. A continuación, discutiré los tres elementos más importantes que necesitará para esto: Propósito, Éxito y Felicidad.

Propósito

¿Cuál es su propósito? ¿Usted sabe? ¿Cuál es su POR QUÉ? ¿Por qué hace las cosas que hace? Solo usted puede descubrirlo, pero si todavía no lo ha hecho le insto a que lo considere el asunto principal de su vida hasta que lo descubra. Tenga presente que su propósito no está limitado a un campo de estudio. Por ejemplo, su propósito no es ser un doctor, es salvar vidas. Su propósito no es ser un arquitecto, es construir el edificio más hermoso o más seguro que haya existido. Su propósito no es ser un artista, es hacer que el mundo cobre vida con un arte hermoso que haga que la gente se maraville de lo que es posible. El libro *Maestría* de Robert Greene, me ayudó no solo a descubrir cuál es mi propósito, sino también a tener el valor de perseguirlo con todo el corazón.

Cree su propia *declaración de propósito de vida*. Piense en lo que realmente quiere lograr en la vida y cómo puede alcanzarlo. ¿Qué quiere ofrecer a los demás? ¿Qué podría hacer que le proporcionaría la mayor satisfacción personal? Si siente que necesita más experiencia o conocimiento para descubrir su propósito, entonces adquiéralo. Por ejemplo, puede contactar a un experto y entrevistarlo o preguntarle cómo puede contribuir con su trabajo. Un experto estará más dispuesto a ayudarle con su propio aprendizaje si usted se compromete a ayudarle en su trabajo, en lugar de enfocarse en lo que el experto le dará a usted. Ayudando, desde luego, aprenderá mucho.

Formule la declaración de su propósito de vida de manera breve y directa. Le recomiendo que conste de una o dos oraciones cortas si es posible. Cuando lo haya creado póngalo en un lugar visible donde no pueda olvidarlo. Además, no tiene que ser inalterable. Con el tiempo, usted puede elegir modificarlo, o bien, volver a empezar desde cero.

Éxito

"Su nivel de éxito rara vez superará su nivel de desarrollo personal".

— Jim Rohn

En definitiva, todos necesitamos definir qué significa el éxito para nosotros. Sin embargo, creo que la mayoría de las personas tiene una visión limitada de lo que es el éxito, y por esa razón lo exhorto a que considere mi siguiente definición.

Éxito = Energía + Moral + Propósito

Sus niveles de energía serán los cimientos de su éxito. Tenemos la tendencia a dar esto por sentado, pero necesita sentirse bien y tener una gran vitalidad para estar en la mejor posición para tener éxito. Incluso, para aquellos que aparentemente gozamos de buena salud general, siempre deberíamos dedicar cierto tiempo a mantenernos saludables y llenos de energía. Como sabemos, esto implica una combinación de comer de forma saludable, hacer ejercicio, dormir bien y manejar el estrés. En general, también recomiendo hacer cosas que le hagan sentir con más energía y evitar aquellas que no lo hacen. Por ejemplo, si conducir su automóvil lo hace sentir desesperado y lo deja exhausto puede ser mejor encontrar a alguien que lo lleve o usar una bicicleta.

A continuación, el éxito consiste en apegarse a los principios morales, porque si no lo hace cualquier "éxito" que logre estará mancillado por los delitos que pueda haber cometido para alcanzar ese logro. En esencia, la moralidad consiste en tratar a los demás como nos gustaría que nos trataran, y en ser sinceros con nosotros mismos y con los demás. En su camino hacia el éxito no existe un código moral específico que deba seguir, más bien será importante que haga lo que sabe que es correcto.

Además, el éxito se da finalmente cuando usted está viviendo su propósito de vida. Es posible que se encuentre en una situación en su vida que le dificulte cumplir su propósito – pero creo que valdrá la pena perseguirlo con todo su corazón y con todas sus fuerzas. Si no lo hace, siempre se preguntará qué podría haber pasado. Usted debe comprender que el verdadero éxito llega cuando encuentra la forma de vivir su propósito, aunque ese propósito no sea definido por su trabajo. Los dos no siempre se superponen. Una manera fundamental de cumplir su propósito es aprovechando al máximo cualquier habilidad especial que tenga, o su don (Ver Pensamiento #7). Pero, finalmente, solo usted puede decidir su verdadero propósito.

Felicidad

Para mí la felicidad es tener la libertad de expresarse, es estar tan saludable como sea posible, alerta, lleno de energía, y capaz de sentir una gama completa de emociones sin sentirse restringido a tener que ser siempre racional o emocional. La felicidad es estar en sintonía con su moral, estar en la búsqueda del cumplimiento de su propósito y ser su verdadero yo, no un yo fabricado falso que usted piensa que otras personas quieren que sea. Desde luego, la felicidad es tener amor en su vida, el cual puede provenir de la familia o de una pareja o de otras personas con las que haya desarrollado estrechas conexiones. Para ser feliz no es necesario que tenga una vida favorable. Es posible que una persona moribunda sea feliz, o incluso que alguien que está en prisión sea feliz. La felicidad es dar lo mejor de sí, pero básicamente es aceptarse a uno mismo, aceptar a los demás y a las situaciones tal y como son. Significa poder controlar su mente (Ver Pensamiento #1) para que usted pueda estar en un estado positivo (Ver Pensamiento #2), sin importar la situación o el entorno en que se encuentre.

Los antiguos Griegos creían que la felicidad de una persona era algo que no se podría juzgar completamente hasta su muerte. Alguien puede ser feliz en un momento u otro, pero para saber si fue realmente feliz debemos tomar en cuenta toda su vida.

Sus Pensamientos Gobernarán Su Vida – Elíjalos Con Cuidado

"La felicidad se da cuando lo que piensa, lo que dice y lo que hace están en armonía". — Mahatma Gandhi

Le presento la cita anterior como un recordatorio. Muchos de nosotros tenemos pensamientos que son completamente incongruentes con la persona que realmente queremos ser. Pero en lugar de cambiar esos pensamientos originales aprendemos a justificar nuestras acciones. En cambio, debemos regresar al punto de partida y examinar los pensamientos que elegimos tener, ya que desde el principio tienen una influencia significativa sobre lo que decimos y hacemos.

La mayoría de nosotros pensamos que los pensamientos son *solo pensamientos*. Son inofensivos, quizás incluso sin importancia, usted puede pensar. Le mostraré que esto está muy lejos de ser cierto.

En realidad, la suma de sus pensamientos conduce a la suma de sus acciones, lo cual conduce a la suma de lo que usted es. Muchas personas comprenden que son la suma de sus elecciones y de sus acciones. Lo que no siempre comprenden por completo es que también son la suma de sus pensamientos. Sus pensamientos conducen a sus acciones.

Permítame explicar.

Sus pensamientos se manifestarán en sus expresiones (por ejemplo, en las expresiones faciales) – y sus expresiones son contagiosas. Si tiene una expresión triste, es mucho más probable que haga que otros también se sientan así. Si sonríe felizmente, también puede tener este efecto en aquellos que le rodean.

Sus pensamientos se convertirán en lo que usted dice – y lo que dice será imitado por otros. Así como sus expresiones son contagiosas, también lo es lo que usted dice. ¿Alguna vez ha notado que escucha una nueva frase y poco después empieza a escucharla todo el tiempo? Una expresión pegadiza es imitada por un gran número de personas, y rápidamente se convierte en la frase preferida del público.

Sus pensamientos se convertirán en sus acciones – las cuales modelan comportamientos para otros. Las acciones también son contagiosas. Si pasa mucho tiempo con alguien puede notar que empieza a hacer algunas de las mismas cosas que esa persona hace. Aunque esta persona tenga hábitos raros o extraños puede que empiece a imitarla, tal vez de manera inconsciente.

Sus acciones se convertirán en reacciones en otros – y esas reacciones imitarán la acción original. Por ejemplo, la agresión tiende a crear la reacción de agresión. El amor tiende a crear la reacción de amor. El miedo en una persona tiende a propagar ese miedo a las personas que la rodean. No siempre funciona de esta manera, pero si usted realiza una acción es muy probable que cree la misma reacción en alguien más.

En resumen, sus pensamientos llegarán a ser contagiosos para otros – en forma de expresiones, palabras, acciones y reacciones que se transmitirán como si fueran un eco. Cuando habla en un cuarto pequeño escuchará su propio eco. Del mismo modo, todo lo que piensa, dice y hace forma una especie de reacción de eco en el mundo que le rodea. No podrá percibir ese eco porque a diferencia del eco del sonido, que regresa a usted casi de inmediato, el eco de sus pensamientos y acciones se transmite al mundo lentamente, pero se extiende por el universo para toda la eternidad. De hecho, gran parte de lo que estamos haciendo hoy es el resultado de los ecos de generaciones anteriores – lo que pensaron, lo que dijeron y lo que hicieron.

¿Alguna vez ha notado que hay algo de cierto en el refrán que dice que nos convertimos en nuestros padres? Desde luego, podemos elegir nuestras propias acciones, y no estamos limitados a ser como nuestros padres; pero en momentos de estrés o cuando estamos cansados o no tenemos tiempo para pensar, es probable que nuestras acciones predeterminadas recurran a lo que hemos visto hacer a nuestros padres. Puede encontrarse repitiendo frases que sus padres dirían en las mismas situaciones que ellos las habrían dicho. Este es un ejemplo de los ecos de los pensamientos, palabras y acciones de las personas a lo largo del tiempo. Quizás sus hijos se sentirán de la misma manera y usen las mismas frases en esos mismos momentos, y tal vez los hijos de ellos también. Nuestros pensamientos, palabras y acciones trascienden más allá de nosotros propagándose como un virus – esto puede ser algo bueno si son positivos, y algo malo si son negativos.

Comprenda que lo que piensa termina creando el mundo entero que le rodea. Desde luego, es difícil ver este efecto debido a la lentitud del eco, pero también porque todos nosotros estamos jugando un papel en los pensamientos, palabras y acciones que trascienden más allá, y que finalmente se vuelven contagiosos. Dado que solo somos una persona, de muchos billones en este mundo, sentimos que lo que pensamos, decimos y hacemos no importa. Pero sí importa. Sus pensamientos pueden impulsarlo hacia adelante o arrastrarlo hacia el fondo, y pueden hacer lo mismo para un sin número de personas – teniendo un gran impacto en las personas con las que se rodea.

Las implicaciones aquí pueden ser profundas. El mundo se ve afectado por lo que usted piensa, y reacciona a usted en función de lo que usted piensa del mundo. Lo que piensa se refleja nuevamente en su persona. Si ama al mundo, este le devuelve una energía de amor. Si está enojado con el mundo, entonces le regresa una energía de enojo. Por consiguiente, debe darle importancia a sus pensamientos. Tenga cuidado con lo que piensa, porque las cosas en las que se concentra y lo que piensa ocuparán un espacio mayor en su vida.

Recuerde esto: Preste atención a su mente. Dé importancia a sus pensamientos. Lo que pensamos tiene una manera de manifestarse por sí mismo en la realidad.

Los 7 Pensamientos que Nos Ayudan a Vivir la Buena Vida

Los siguientes son los 7 Pensamientos que serán el enfoque de este libro:

1. Concentrarse en lo que puede controlar, *no* en lo que no puede controlar
2. Concentrarse en lo positivo, *no* en lo negativo
3. Concentrarse en lo que puede hacer, *no* en lo que no puede hacer
4. Concentrarse en lo que tiene, *no* en lo que no tiene
5. Concentrarse en el presente, *no* en el pasado y el futuro
6. Concentrarse en lo que necesita, *no* en lo que quiere
7. Concentrarse en lo que puede dar, *no* en lo que puede recibir

Si bien es cierto que estos pensamientos surgieron durante una sesión de meditación he pensado en ellos de manera profunda, y me gustaría explicar el razonamiento que apoya estos Pensamientos, y por qué los he organizado de esta forma.

Al concentrarse en **lo que puede controlar** de inmediato evita perder su tiempo, vida y energía en asuntos que están fuera de su influencia y control. Con este enfoque se dará cuenta de que la cosa #1 que puede controlar es su mente, y su mente funciona mucho mejor al **concentrarse en lo positivo** en lugar de en lo negativo. Sin embargo, si tiene un problema, quizás uno sobre el cual tiene sentimientos negativos, entonces debe **concentrarse en lo que puede hacer** para resolver este problema. Se enfocará en lo que está dentro de su poder. Solo recuerde que lo que puede hacer está limitado por lo que tiene, o sea sus recursos. Por consiguiente, debe **concentrarse en lo que tiene**, porque esto es todo con lo que puede trabajar para resolver sus problemas. Lógicamente, si se concentra en lo que tiene, entonces necesita **concentrarse en el momento presente** en su vida, porque esto es todo lo que tiene en realidad. El pasado está hecho y el futuro es incierto. El presente es donde usted influye el mundo que le rodea y donde tiene control. En el momento presente, debe mantener la perspectiva y priorizar lo que realmente importa en su vida – por lo tanto, tiene que **concentrarse en lo que necesita** por encima de lo que quiere. Lo que no necesita puede regalarlo para **devolvérselo al mundo** que le ha dado tanto.

Figuras Inspiradoras

Siempre me ha parecido útil tener presente a ciertas figuras inspiradoras para recordar que somos capaces de mucho más de lo que creemos. A continuación, he seleccionado solo algunas breves historias de personas que han triunfado, incluso cuando las probabilidades estaban en su contra. Confío en que estas historias le inspiren tanto como me han inspirado a mí.

Malala Yousafzai

Malala es una mujer joven que defendió los derechos que tienen las niñas como ella para continuar su educación; siendo todavía una niña cuando vivía en Pakistán, un lugar donde eso no era un derecho dado libremente. ¿Qué consiguió por decir que todas las niñas deberían tener el derecho a una educación? Por desgracia, fue atacada *recibiendo un tiro en la cabeza*. De pronto, Malala estaba luchando por su vida. Este ataque demostró los grandes peligros que cualquier niña en Pakistán puede afrontar solo por expresar sus pensamientos. Afortunadamente, sobrevivió y se recuperó de este horrible ataque. A pesar del incidente, Malala nunca dudó en continuar con su mensaje. Finalmente, ganó el Premio Nobel de la Paz en el 2014, con el que fue reconocida por su "lucha contra la supresión de niños y jóvenes y por el derecho de todos los niños a tener una educación". Malala, junto con su Fundación Malala – una organización sin fines de lucro, ha ayudado a reconstruir escuelas; y se mantiene activa en su función de ayudar a las niñas a tener el derecho y los medios para alcanzar los 12 años de una "educación de calidad, gratuita y segura".

William Kamkwamba

William era un niño que creció en la pobreza extrema en Malawi, África. Su familia era muy pobre y en un momento dado no pudo pagar los $80 que se requerían para asistir a la escuela. Increíblemente, con un mínimo de recursos, este muchacho que vivía en una enorme pobreza fue capaz de construir un molino de viento para llevar energía eléctrica a su aldea. Algunos materiales que utilizó para hacer esto fueron árboles de eucalipto azul, partes de bicicletas, y otros materiales que había recolectado de una chatarrería local. Es importante destacar que, con frecuencia, William visitó la biblioteca de su pueblo y así descubrió libros con imágenes de molinos de viento, que en última instancia, le ayudó a construir su propio molino. En el 2014 se graduó en Dartmouth College en Nuevo Hampshire, EE. UU. y de acuerdo con su página *About* en www.williamkamkwamba.com, "Ahora está trabajando con WiderNet para desarrollar un plan de estudios de tecnología que permitirá salvar la brecha entre saber y hacer".

Cruz Robledo

Cruz, un joven de un pequeño pueblo de México, tenía una educación de primer año de secundaria – lo cual lo convirtió, en ese momento, en la primera persona de su rancho con el grado más alto de educación a principios de la década de los sesenta. Su gran sueño era ir a Estados Unidos en búsqueda de mayores oportunidades. En el pueblo donde creció, una educación que superara un nivel de 3er grado de primaria se consideraba un lujo que generalmente estaba fuera de alcance. Sin embargo, Cruz mostró una aptitud prometedora en la escuela, y con el gran esfuerzo y apoyo económico de su padre logró llegar a primer año de secundaria. Desafortunadamente, las presiones para criar una familia numerosa impidieron que su padre continuara financiando la educación de Cruz más allá de ese nivel.

A la edad de 17 años, Cruz decidió viajar a Estados Unidos en búsqueda de mejores posibilidades. Aprendió inglés y después continuó su secundaria en la escuela nocturna, y más tarde se postuló a Purdue University en Lafayette, Indiana. Le ofrecieron admisión y se sintió inmensamente agradecido por esta oportunidad. Ser un estudiante en esa universidad representó el mayor reto de su vida, ya que se dio cuenta de que su formación académica lo dejaba en gran desventaja en comparación con los demás estudiantes. En ese tiempo estaba trabajando, llevaba una carga completa de cursos y además tenía una familia que mantener. Finalmente, a pesar del alto nivel de desafío, se graduó con una Licenciatura en agronomía. Después de trabajar en esta industria por una década en Estados Unidos, empezó su propia empresa en México, donde brindó y continúa ofreciendo servicios de investigación para las principales universidades, instituciones y empresas de semillas de todo el mundo. Este hombre es mi padre, ya que puede haber notado que llevamos el mismo apellido.

En todas estas historias tenemos individuos que estaban en gran, gran desventaja sobre todos los demás. Estas personas tuvieron *menos oportunidades*, no más oportunidades, y aun así lograron llevar vidas exitosas y satisfactorias. En definitiva, superaron a la mayoría de las personas que habrían tenido muchas más ventajas que ellos. Me parece importante tener siempre presente este tipo de historias. Cada vez que dude de sí mismo, y de su situación, recuerde que muchas personas han prosperado, incluso cuando provenían prácticamente de la nada.

Ahora que sabe lo que es posible lograr cuando nos proponemos, considero que está en el estado mental favorable para empezar su aprendizaje de los *7 Pensamientos para Vivir Su Vida*.

Agradecimiento

Gracias por tomar el tiempo para leer *365 Citas para Vivir Su Vida*. Espero que haya encontrado información útil. Solo recuerde que una parte fundamental del proceso de aprendizaje es poner en práctica lo que lee.

Antes de que se vaya, me gustaría invitarle a obtener su guía gratuita de *Fortalezca su Aprendizaje: Herramientas Gratuitas para Aprender Casi Cualquier Cosa*. Todo lo que tiene que hacer es escribir este sitio web en su navegador:

http://mentalmax.net/ES

Además, si tiene cualquier pregunta acerca de este libro, puede enviarme un mensaje y me pondré en contacto con usted tan pronto como sea posible. Por favor escriba el título del libro, sobre el que está comentando, en la línea de asunto. Mi correo electrónico es:

ic.robledo@mentalmax.net

¿Aprendió algo Nuevo?

Si aprendió algo valioso en este libro, por favor deje un comentario en Amazon para poder concentrarme en continuar escribiendo libros de calidad. Incluso una o dos oraciones cortas serían muy apreciadas.

Más Libros de I. C. Robledo

7 Pensamientos para Vivir Su Vida – Lectura Recomendada #1

Herramientas Intelectuales de los Genios

Domine su Enfoque

Guía de Hábitos Inteligentes

Nadie Me Enseñó Cómo Aprender

44 Apps Inteligentes para Ejercitar su Cerebro

Listo para Cambiar

Vida Inteligente: Colección (Libros 1-6)

Secretos Clave de los Genios

Abundancia de Ideas

Memoria Práctica

7 Pensamientos para Vivir Su Vida